U0461027

# 文化自信的哲学之问

彭劲松 著

中央党校出版集团

大有书局

**图书在版编目（CIP）数据**

文化自信的哲学之问 / 彭劲松著 . -- 北京 : 大有
书局 , 2025. 5. -- ISBN 978-7-80772-215-1

Ⅰ . G12

中国国家版本馆 CIP 数据核字第 2025A6K001 号

| | |
|---|---|
| 书　　名 | 文化自信的哲学之问 |
| 作　　者 | 彭劲松　著 |
| 责任编辑 | 叶敏娟　周　舟 |
| 责任校对 | 李盛博 |
| 责任印制 | 耿中虎 |
| 出版发行 | 大有书局 |
| | （北京市海淀区长春桥路6号　100089） |
| 综 合 办 | （010）68929273 |
| 发 行 部 | （010）68929805　68922233 |
| 经　　销 | 新华书店 |
| 印　　刷 | 中煤（北京）印务有限公司 |
| 版　　次 | 2025年5月第1版 |
| 印　　次 | 2025年5月第1次印刷 |
| 开　　本 | 710毫米×1000毫米　　1/16 |
| 印　　张 | 15.25 |
| 字　　数 | 178千字 |
| 定　　价 | 62.00元 |

本书如有印装问题，可联系调换，联系电话：（010）68928947

# 前言

　　我们所处的时代、社会和世界究竟是什么样的？将以怎样的方式，走向哪里？我们要考虑和解决的主要问题是哪些？这些均与文化不无关系。

　　《孟子》讲了孟子去见梁惠王的一个故事。魏惠王问他："先生，您不远千里而来，能不能做一些有利于我国的事情？"孟子这样回答："您何必太计较利益，仁义更加重要。如果君主总是计较什么利于国家，大臣们总是计较什么利于自己家庭，老百姓总是计较什么利于个人，从上到下变本加厉地争夺利益，整个国家就危险了。没有听说仁者丢弃亲人的事情，也没有听说义者对君主不敬的事情。"这个故事表面上是君王与谋士之间的交流，实际上说明了文化关系国家安危的道理。这里强调的仁义高于利益的理念，是中国传统文化的重要追求，反映出中国传统文化的高贵气质。中华文化经历艰险而成为绵延至今的唯一的古老文明，与文化上的命脉相续紧密相关。类似的故事，在中华传统文化和中国历史记载中还有很多很多，的确依然值得今天的人们回味借鉴。

　　人无文不立，群无文不礼，国无文不强。文化是人们更高层次的追求及其外在的表现，是人的精神生活的集中表现，是社会结构的必要扭结因素。文化的影响看不见摸不着，却无时不在、无所不在。有没有文化，文化有多少，有什么样的文化，追求什么样的文化，在人的言谈举止、处事行世中尽显，在文明成果中凝结，在社会进步中显现。一个国家和民族，必须拥有自身的文化传统和文化追求。国家和民族的发展、现代化的发展，始终离不开文化的发展，与文化的发展程度紧密相关。不管怎么发展，不管发展到何种地步，一个社会如果引发文化上的庸俗、堕落、虚无，则会失去灵魂和意义。文化自信是一种全面综合的实力，是一种积极向上的精神状态和实践能力。增强文化自信，重视文化发展，重视文化在社会生活中的纽带、引领和凝聚等作用，重视文化的独立性和对经济的反作用，重视文化与社会的健康全面发展，才能在中国式现代化发展过程中获得精神动力、思想统一、文化凝聚等的强大支撑。有没有自信，有什么样的自信，能不能自信，怎么自信，在某种程度上决定着以什么样的精神状态进入现实和未来，体现着文化的综合气质和沉淀。历史与实践的发展，归根到底与文化的发展相互促进。马克思主义、社会主义始终代表着先进的文化观念，与各种形式的旧文化截然不同。中国共产党始终站在时代前沿，致力于全面的文化建设，不断丰富人民的精神世界，促进物质文明与精神文明、其他文明协调发展，坚持和发展中国特色社会主义。我们选择的道路、理论、制度、文化，是有中国特色的，是体现了中华文化传承的。

宣传阐释中国特色，要讲清楚每个国家和民族的历史传统、文化积淀、基本国情不同，其发展道路必然有着自己的特色；讲清楚中华文化积淀着中华民族最深沉的精神追求，是中华民族生生不息、发展壮大的丰厚滋养；讲清楚中华优秀传统文化是中华民族的突出优势，是我们最深厚的文化软实力；讲清楚中国特色社会主义植根于中华文化沃土、反映中国人民意愿、适应中国和时代发展进步要求，有着深厚历史渊源和广泛现实基础。中华民族创造了源远流长的中华文化，中华民族也一定能够创造出中华文化新的辉煌。[1]

　　党的十八大以来，以习近平同志为核心的党中央始终强调坚持社会主义先进文化前进方向，强调马克思主义中国化时代化，强调文化自信是更基础、更广泛、更深厚的自信，扎实推动社会主义文化强国建设，推动中华优秀传统文化创造性转化、创新性发展，精神文化事业取得前所未有的进步，全党全社会的文化自信得到前所未有的增强。面向新的实践，文化自信必将得到进一步的全面坚定强化，精神文化放在更加突出位置，人民精神文化生活进一步得以满足，全社会文明程度不断提升，对于"文化之问"的中国解答在强国建设、民族复兴的历史进程中必将取得完美的答案。

---

1　习近平：《加强文化遗产保护传承　弘扬中华优秀传统文化》，《求是》2024年第8期。

# 目 录

# 第一章　文化和文化自信的
## 内涵与本质是什么？

增强文化自信，推进文化建设，完善文化发展，需要以唯物辩证法态度正确理解关涉其中的一些基本概念，科学回答文化领域的一些相关理论问题，抓住其中的一些关键要素、关键环节、关键联系加以改进。

## 一、何谓文化

关于究竟什么是文化、文化的内涵应当是什么的问题，是文化的首要问题。"不同社会的人们之间的持久性差异，主要体现在基本态度、价值观和技能上，换言之，他们分别拥有不同的文化。"[1]文化似乎看不见摸不着，有时候千变万化。由于文化的独特性，学术界对此众说纷纭，至今难以有一种为大多数学者所认同的完美定义。有学者粗略统计，全世界对文化本质的界定有500余种（季羡林）；有学者指出，在古

---

1 〔美〕罗纳德・英格尔哈特：《发达工业社会的文化转型》，张秀琴译，社会科学文献出版社2013年版，第1页。

今中外的文化研究浪潮中，相继涌现出的文化定义已达万余种（胡潇）。学术界一般把文化的概念分为广义和狭义两种。广义的文化概念一般将"文化"与"自然"相对应，指人类在改造客观世界和主观世界中创造的一切文明成果，《中国大百科全书·哲学》认为"文化"是指："人类在社会实践过程中所获得的能力和创造的成果。"广义的文化概念有多种分类：二分法、三分法和四分法。二分法把文化分为物质文化与精神文化、物质文化与非物质文化两大类。三分法把文化分为三层，即物质、制度、精神三个层次。四分法把文化分为四层，即物质文化、制度文化、行为文化（民风民俗）和心态文化（意识、思想与价值）。我国社会常用的主要是狭义的文化概念，即人类的精神文化。精神文化又可以分为狭义、中义和广义三类。狭义的精神文化主要是音乐、舞蹈、小说、戏剧等艺术形式；中义的精神文化主要包括意识、思想、理念、观念、信仰、理论、道德、价值等；广义的精神文化，说法众多，没有共识。一般而言，广义的精神文化可以分为三类：一是"观念形态文化"或"意识形态文化"，包括意识、思想、理念、信仰、理论、道德、价值、精神、思维方式和性格等；二是"艺术形态文化"，包括音乐、舞蹈、小说、戏剧、电影及体育竞技活动等；三是"知识形态文化"，包括社会知识、科学知识、医疗知识、卫生知识、生态知识等。

马克思、恩格斯在创立唯物史观的过程中，明确地将文化同经济、政治一起视为社会整体的基本组成部分，站在了新世界观的实践立场上理解把握文化的内涵和作用。在长期的理论和实践活动过程中，他们对于文化的重视、对于文化新发展等的理解更加深入全面。在《1844年经济学哲学手稿》中，马克思批判早期空想社会主义和共产主义主张绝对平均主义的极端思想，认为这种主张是"对整个文化和文明的世界的抽象否定，向贫穷的、需求不高的人——他不仅没有超越私有财产的水平，甚至从来没有达到私有财产的水平——的非自然的简单状态的倒退"[1]。在《共产党宣言》中，马克思、恩格斯在文明进步史分析阐述了"两个必然""两个决裂"。在《反杜林论》中，恩格斯指出："文化上的每一个进步，都是迈向自由的一步。"[2]在《资本论》中，马克思分析了现代社会的经济运行机制和规律，揭示了现代社会的复杂文化结构及其现实后果。对于文化各个层面的内涵，马克思、恩格斯都有所揭示。

从词源分析，"文化"一词来自古拉丁词cultura，意指农耕、居住及对动植物的培育，德语kultur和英语culture均由此而来。古罗马哲学家西塞罗将人的精神活动引入物质生产，从自然和人双重本质规定出发，在培植客体意义上使用"文化"一词。18世纪，法语中"文化"有训练和修炼心智之意，即良好的风度、文化、艺术和科学。被誉为"人类学之父"的英国学者泰勒在1871年出版的《原始文化》一书中，将文化系统定义为"包括全部的知识、信仰、艺术、道德、法律、风俗以及作为社会成员的人所掌握和接受的任何其他的才能和习惯的复合体"[3]。英国著名人类学家马林诺夫斯基从文化功能的角度指出："文化是指那一群传统的器物、货品、技术、思想、习惯及价值而言的，这概念实包容着及调节着一切社会科学……文化是一个组织严密的体系，同时它可以分成基本的两方面，器物和风俗，由此可进而再分成较细的部

---

1　《马克思恩格斯文集》第1卷，人民出版社2009年版，第184页。
2　《马克思恩格斯文集》第9卷，人民出版社2009年版，第120页。
3　〔英〕爱德华·泰勒：《原始文化》，连树声译，广西师范大学出版社2005年版，第1页。

分或单位。"[1]马尔库什评价卢卡奇的文化概念时指出："这个文化概念包含的远不止高雅艺术或哲学，远超出了'高级文化'的界线。对于卢卡奇来说，文化问题同义于生活问题，同义于'生活的内在意义'。"[2]德国文化哲学家卡西尔通过揭示文化与符号的内在关系来界说文化本质。美国学者怀特指出："全部文化（文明）依赖于符号。"[3]

综上来看，文化概念是丰富多义的，可以从不同角度、不同立场加以理解和概括，但主要侧重于人的思想、观念、精神领域的创造和进步，意味着人本身在社会历史中的动态发展提升，是人的各种素质与实践相结合、内化与外化相结合的综合产物。

## 二、什么是文化自信

党的十八大以来，习近平总书记在很多场合阐述文化自信，明确指出文化自信是一个国家、一个民族发展中最基本、最深沉、最持久的力量。2014年2月，习近平总书记在主持十八届中央政治局第十三次集体学习时强调："要讲清楚中华优秀传统文化的历史渊源、发展脉络、基本走向，讲清楚中华文化的独特创造、价值理念、鲜明特色，增强文化自信和价值观自信。"[4]2016年6月，习近平总书记在主持十八届中央政治局第三十三次集体学习时，将文化自信与道路自信、理论自信、制

1 〔英〕马林诺夫斯基：《文化论》，费孝通译，中国民间文艺出版社1987年版，第2—11页。

2 〔匈〕阿格妮丝·赫勒：《卢卡奇再评价》，衣俊卿等译，黑龙江大学出版社2011年版，第83页。

3 〔美〕怀特：《文化科学——人和文明的研究》，曹锦清等译，浙江人民出版社1988年版，第31页。

4 《习近平谈治国理政》，外文出版社2014年版，第164页。

度自信并提。在庆祝中国共产党成立九十五周年大会上的重要讲话中，习近平总书记再次指出，"全党要坚定道路自信、理论自信、制度自信、文化自信"，并强调"文化自信，是更基础、更广泛、更深厚的自信"[1]。2016年11月，他在中国文联第十次全国代表大会、中国作协第九次全国代表大会开幕式上深刻指出："坚定文化自信，是事关国运兴衰、事关文化安全、事关民族精神独立性的大问题。"[2]党的十九大将文化自信纳入"坚持社会主义核心价值体系"基本方略，并写入党章，反映了全党全军全国各族人民的共同意志。2020年9月，习近平总书记在教育、文化、卫生、体育领域专家代表座谈会上的重要讲话中对文化自信作出了全面系统论述，指出："我多次强调，要坚定文化自信，推动中华优秀传统文化创造性转化、创新性发展，继承革命文化，发展社会主义先进文化，不断铸就中华文化新辉煌，建设社会主义文化强国。统筹推进'五位一体'总体布局、协调推进'四个全面'战略布局，文化是重要内容；推动高质量发展，文化是重要支点；满足人民日益增长的美好生活需要，文化是重要因素；战胜前进道路上各种风险挑战，文化是重要力量源泉。'十四五'时期，我们要把文化建设放在全局工作的突出位置，切实抓紧抓好。"[3]2021年11月，党的十九届六中全会系统总结了新时代我国在文化建设上取得的重大成就，并将"文化自信明显增强"视为新时代文化建设的突出成就，反映了高度的文化自觉。党的二十大提出，推进文化自信自强，铸就社会主义文化新辉煌。

---

1　习近平：《在庆祝中国共产党成立95周年大会上的讲话》，人民出版社2016年版，第12—13页。
2　中共中央文献研究室编：《习近平关于社会主义文化建设论述摘编》，中央文献出版社2017年版，第16页。
3　习近平：《在教育文化卫生体育领域专家代表座谈会上的讲话》，《人民日报》2020年9月23日。

文化自信是对社会主义主流意识形态的自信。理论上清醒坚定，政治上才能清醒坚定。马克思主义是我们立党立国的根本指导思想，是具有实践性、人民性的科学理论。习近平总书记反复强调，在坚持马克思主义指导地位这一根本问题上，必须坚定不移，任何时候任何情况下都不能有丝毫动摇。全党要深入学习马克思列宁主义、毛泽东思想，深入学习邓小平理论、"三个代表"重要思想、科学发展观，特别是深入学习贯彻十八大以来党的理论创新成果，不断领悟，不断参透，做到学有所得、思有所悟，注重解决好世界观、人生观、价值观这个"总开关"问题，真正做到对马克思主义虔诚而执着、至信而深厚。

文化自信是对中华民族发展史的自信。文化和文明是在历史基础上形成的，文明是文化发展到一定历史阶段的产物，是文化之中蕴含的具有普遍性、积极性的内容，是民族实践的结晶。习近平总书记指出，中华文明探源工程等重大工程的研究成果，实证了我国百万年的人类史、一万年的文化史、五千多年的文明史。中华民族在漫长历史发展过程中，创造了璀璨夺目的文明，成为人类文明谱系的独立形态，为人类文明发展进步作出了杰出贡献。习近平总书记在文化传承发展座谈会上的重要讲话，对中华文明的突出特性从连续性、创新性、统一性、包容性、和平性五个方面进行了总结和概括。这是基于大历史观审视中华文明发展历程、表现形态、思想内涵、价值追求而进行的系统概括，揭示了中华文明的发展规律，为中华文明的传承发展指明了方向。

文化自信是对中华优秀传统文化精髓的自信。文化的发展具有继承性，新的文化创造只能在原有文化基础上进行。习近平总书记从不同维度、不同侧面深刻揭示了中华优秀传统文化的精髓，展示了中华优秀传统文化的历史魅力和当代价值。在论及培育和践行社会主义核心价值观问题时，要求研究阐释中华文明讲仁爱、重民本、守诚信、崇正义、尚和合、求大同的精神特质和发展形态，使其成为涵养社会主义核心价值观的重要源泉。这是从道德文明维度对中华优秀传统文化精髓的总结。党的二十大报告对中华优秀传统文化蕴含的宇宙观、天下观、社会观、道德观进行了概括，从观念文明维度诠释了中华优秀传统文化的精髓。习近平总书记在中国人民大学考察时，要求深入挖掘古籍蕴含的哲学思想、人文精神、价值理念、道德规范，推动中华优秀传统文化创造性转化、创新性发展。这从精神文明总体维度诠释了中华优秀传统文化的精髓。中华优秀传统文化精髓的多维阐释，指明了传承、转化中华优秀传统文化的重点，充分展现了中国共产党人的文化自信。

## 三、文化自信的类型

文化自信，既呈现为现实个人的精神状态，也呈现为群体的、阶级的、总体的精神状态。这是不同主体向度上的文化自信。

从空间向度看，不同地域、不同民族、不同国家的文化自信存在着一定的差异，在观念、内容等方面都可能出现不同。

从时间向度看，文化自信可分为历史的、现实的和未来的。三者是可以通约、转化的，但反映出不同的历史传统、实践环境、理想境界。获得、保持和强化现实的文化自信，是发展的重要内容。

文化自信还存在性质上的不同。列宁指出："每一种民族文化中，都有两种民族文化。"同时，"每个民族文化，都有一些民主主义的和社会主义的即使是不发达的文化成分，因为每个民族都有被剥削劳动群众，他们的生活条件必然会产生民主主义的和社会主义的意识形态。但是每个民族也都有资产阶级的文化（大多数还是黑帮的和教权派的），而且这不仅表现为一些'成分'，而表现为占统治地位的文化"[1]。

我们所谈到的文化自信，主要是指大力弘扬中华优秀传统文化的文化自信、新时代中国的文化自信、中国特色社会主义的文化自信。在马克思主义指导下，促进"两个结合"，大力发展社会主义文化，促进社会主义精神文明建设，加快建设社会主义文化强国，是一种崭新的文化自信。

## 四、文化的多样性和复杂性

文化是以多样化的形式存在的，不同国家、不同民族、不同时代的文化各有其形态、内涵和特点，差异较大。当前，中国特色社会主义进入了新时代。社会主义市场经济深化发展，市场主体日益多样化，使得不同思想观念获得了不同程度的生长，人民的文化生活需要日益增长，文化交融性、多样化的特点更为明显。

习近平总书记指出："文明具有多样性，就如同自然界物种的多样

---

1 《列宁选集》第2卷，人民出版社2012年版，第336页。

性一样,一同构成我们这个星球的生命本源。"[1]世界因多彩而美丽,文明因交流互鉴而发展。当今时代,不同国家、不同民族文明交流互鉴的深化,在推动文明发展的同时,也在促进文化多样化发展。

中国特色社会主义文化由中华优秀传统文化、革命文化、社会主义先进文化构成。这三种文化形态既有继承性,又各有内涵和功能。习近平总书记指出,在五千多年文明发展中孕育的中华优秀传统文化,在党和人民伟大斗争中孕育的革命文化和社会主义先进文化,积淀着中华民族最深层的精神追求,代表着中华民族独特的精神标识。这是对中华优秀传统文化、革命文化当代价值的充分肯定,也是对社会主义先进文化表征作用的高度认可。这三种文化形态共同支撑中国特色社会主义文化自信。

文化生产是为了满足文化需求。只有适应不同层次、不同类型的文化需求,文化生产才能实现其价值和意义。人民群众年龄、经历和受教育程度、生活环境具有差异性,其文化需求也不尽相同,因而文化产品具有多样性特征,以适应市场化需要,适应实践的不断发展。高雅文化与通俗文化、经典文化与流行文化、外来文化与本土文化并存,在满足不同文化需求的同时,使文化经常以多样化的样态存在和发展。

近年来,在国有文化企业不断发展壮大的同时,民营经济在文化生产和文化产业发展中发挥着越来越重要的作用。民营文化企业、文化工作室等参与文化产品生产,成为推动文化发展的重要力量。网络作家、签约作家、自由撰稿人、独立制片人、独立演员歌手、自由美术工作者

---

1 习近平:《共同开创中阿关系的美好未来——在阿拉伯国家联盟总部的演讲》,《人民日报》2016年1月22日。

等新的文化群体的形成，壮大了文化创作生产队伍，激发了文化市场活力。不同文化生产主体有不同文化理念、文化追求，也有不同文化生产方式，在满足人民多样化、多层次文化生活需求的同时促进着文化的多样化发展。

文化传播手段具有多样性，而且随着社会的发展而发展。当前，传统文化传播手段仍然具有重要作用，同时数字传播技术支持下的诸如网络、移动电视、手机、数字报刊等媒体表现出强大的文化传播能力。传统传播手段与新兴传播技术交互作用，促成传统形态与新型形态的文化产品并存，促进新型文化业态和文化消费模式不断出现，文字数码化、书籍图像化、阅读网络化等促进着文化多样化发展。

随着经济实力、科技实力、综合国力和国际竞争力、影响力的不断增强，中国日益走近世界舞台中央，与不同文明交流对话，相互借鉴日益频繁、不断深入，文化空间和文化视野不断拓展。交流孕育融合，融合推动进步，从而促进新文化的形成和发展，丰富文化的存在方式和样态。中国一向尊重文明多样化发展，积极倡导和促进不同文明平等相待、互学互鉴，努力推动人类文明实现创造性、多样化发展，必将为人类文明发展作出更大贡献，为人类社会进步作出更大贡献。

文化及其发展的多样性，反映出文化自信的坚持和发展也是复杂多样的，加强对其理论认识和研究因而显得十分必要。从哲学上研究文化问题，较早就已经有所开展。18世纪意大利的维柯和德国的赫尔德是先驱，认为文化是人的创造物，文化的进步乃是历史的规律。19世纪先后出现的进化论学派、功能主义学派、结构主义学派等推动了文化哲学的研究。1983年，在罗马尼亚召开的第十七届世界哲学会议闭幕词，发出了当代世界哲学的重点已经从科学哲学转向文化哲学的最后宣言。文化哲学的兴起，意味着对于人的发展现状、文化的发展现状需要进行新的反思和改正。"哲学认为，人的行动和目的绝非是盲目的必然性的产物。无论科学概念还是生活方式，无论流行的思维方式还是流行的原则规范，我们都不应盲目接受，更不能不加批判地仿效。哲学反对盲目地抱守传统和在生存的关键性问题上的退缩。"[1]中国特色社会主义文化自信的深入研究，将在一定程度上提升文化哲学研究的新视野、新水平。

---

1 〔德〕霍克海默：《批判理论》，李小兵译，重庆出版社1989年版，第243页。

# 第二章　文化自信为什么重要？

"文化自信，是更基础、更广泛、更深厚的自信，是更基本、更深沉、更持久的力量。坚定文化自信，是事关国运兴衰、事关文化安全、事关民族精神独立性的大问题。"[1]

为什么要不断增强文化自信？文化自信与经济社会发展有什么样的必然联系？文化自信蕴涵着何种实践指向？如何正确认识与发挥文化自信的地位和作用？这是需要回答和澄清的前提性问题。

## 一、事关国运兴衰

沿着哪条道路、朝着哪个方向发展，追求什么文化风尚，决定着一个国家的前途命运。国家的发展方向，既由生产力发展水平决定，也受文化的影响和制约；既是一种自然历史过程，也受人的主观影响。人们对社会发展的规律认识到什么程度，形成了什么样的核心价值和思想理

---

[1]　中共中央文献研究室编：《习近平关于社会主义文化建设论述摘编》，中央文献出版社2017年版，第16页。

念，就会推动这个国家走什么样的发展道路、朝什么样的方向发展。因此，文化的性质和形态在相当程度上影响和制约着国家的前途命运。一个国家强大与否，既取决于经济实力、军事实力，也取决于文化实力、精神实力。文化已经越来越成为综合国力的重要组成部分。在现代社会，文化作用的日益突出已成为不争的事实。

经过长期的艰苦奋斗，中国经济社会发生巨变，中国人民迎来了从站起来到富起来再到强起来的伟大飞跃，中国共产党的领导日益坚强，中国特色社会主义在中华大地得到牢固坚持和发展，中华优秀传统文化得到重新弘扬，中华民族伟大复兴的历史性事业进入了不可逆转的关键时期。党的十九大报告指出："文化兴国运兴，文化强民族强。没有高度的文化自信，没有文化的繁荣兴盛，就没有中华民族伟大复兴。"[1]党的二十大报告指出："从现在起，中国共产党的中心任务就是团结带领全国各族人民全面建成社会主义现代化强国、实现第二个百年奋斗目标，以中国式现代化全面推进中华民族伟大复兴。"[2]

为了实现这一宏伟目标，中国历尽沧桑。中华文化曾经屡创盛世，为世界文明作出巨大贡献。但近代以来，中国不得不承受西方船坚炮利的侵略，几经沧桑，国家和人民遭受无比痛苦。康有为上书光绪皇帝时说："生机已尽，暮色凄惨，气象如此，可骇可悯，此真自古所无之事！夫至于公卿士庶，偷生苟活，候为欧洲之奴隶，听其犬羊之刲缚。"[3]在内忧外患之下，近代中国终于陷入了半殖民地半封建社会的境地。从1842年签订《南京条约》到1949年新中国成立前，西方列强迫

---

1 《习近平著作选读》第2卷，人民出版社2023年版，第33页。
2 《习近平著作选读》第1卷，人民出版社2023年版，第18页。
3 《康有为全集》第4集，姜义华、张荣华编校，中国人民大学出版社2007年版，第4页。

使旧中国政府先后签订了几百项不平等条约。通过这些不平等条约，中国有一百八十一万平方公里的领土被割占；至1901年，中国对外八次主要赔款（包括庚子赔款应付的利息）总计约折合十九亿五千三百万银元，相当于清政府1901年收入总额的十六倍。到1917年，列强强迫中国开放的通商口岸已达九十二个；同时在通商口岸强占租界，列强的租界遍布中国各个通商口岸。列强在租界内实行殖民统治，享有立法、行政、司法、警察和财政方面的特权，中国政府对租界内部事务没有管辖权，甚至在天津和汉口的租界内，中国人除了为外国人做工，不得在租界内居住。在租界内，中国劳工被称为"猪仔"，被外国人随意买卖、凌辱和折磨，毫无人权可言。租界逐步演变成为"国中之国"，成为列强侵略中国的基地。到清朝末年，列强在中国获得了包括治外法权、协定关税权、片面最惠国待遇、内河航行权、驻军权等在内的十余项特权。面对疯狂的侵略行径，清政府竟然"内而宫廷外而疆吏，下至微员末秩，皆莫不以敬礼外人为宗旨"。"我国从十九世纪四十年代起，到二十世纪四十年代中期，共计一百零五年时间，全世界几乎一切大中小帝国主义国家都侵略过我国，都打过我们，除了最后一次，即抗日战争，由于国内外各种原因以日本帝国主义投降告终以外，没有一次战争不是以我国失败、签订丧权辱国条约而告终。"[1]可以想象，国运之衰微，民生之艰微，此时此刻到了何种程度。为了民族复兴、国家独立，改变这种任人宰割、民不聊生的局面，多少仁人志士前赴后继，各种方案都曾得以实施，但都未能成功。

　　闻名于世的拿破仑一度以武力让法国称雄，却落败于滑铁卢，他在

---

1　中共中央文献研究室编：《毛泽东文集》第8卷，人民出版社1999年版，第340页。

同法国诗人丰塔纳的对话中承认:"世上有两种力量:利剑和思想;从长而论,利剑总是败在思想手下。"这说明,国家的兴旺强盛必然离不开文化上的自觉自信,离不开文化软实力的持续提升。以毛泽东同志为主要代表的中国共产党人创立了中国共产党,把马克思列宁主义与中国具体实际结合起来,从根本上改变了曾经一盘散沙的民族精神状况,开辟了中国革命的新局面。1940年,毛泽东同志在《新民主主义论》中提出:"我们不但要把一个政治上受压迫、经济上受剥削的中国,变为一个政治上自由和经济上繁荣的中国,而且要把一个被旧文化统治因而愚昧落后的中国,变为一个被新文化统治因而文明先进的中国。一句话,我们要建立一个新中国。建立中华民族的新文化,这就是我们在文化领域中的目的。"[1]中华人民共和国的成立,表明中国人民饱受欺凌的日子终于一去不复返了。1957年3月,毛泽东同志在中国共产党全国宣传工作会议上指出:"新的社会制度还刚刚建立,还需要有一个巩固的时间。不能认为新制度一旦建立起来就完全巩固了,那是不可能的。需要逐步地巩固。要使它最后巩固起来,必须实现国家的社会主义工业化,坚持经济战线上的社会主义革命,还必须在政治战线和思想战线上,进行经常的、艰苦的社会主义革命斗争和社会主义教育……我们一定会建设一个具有现代工业、现代农业和现代科学文化的社会主义国家。"[2]

经过长期奋斗,中华民族终于迎来了从站起来到富起来再到强起来的伟大飞跃。党的十八大以来,党和国家事业取得历史性成就、发生历

---

1　《毛泽东选集》第2卷,人民出版社1991年版,第663页。
2　中共中央文献研究室编:《毛泽东文集》第7卷,人民出版社1999年版,第268页。

史性变革，中华民族伟大复兴进入不可逆转的历史进程。我国经济保持平稳较快增长，发展的质量效益不断提升，成为世界经济增长的重要动力源和稳定器。我国经济总量稳居世界第二位，很多工农业产品总量稳居世界第一位。对世界经济实际增长的贡献超过三分之一，是全球增长的最大引擎。同时，经济结构更加优化，三次产业结构由2012年的9.1∶45.4∶45.5调整为2022年的5.1∶38.9∶56.0；创新动能不断增强，成为全球创新指数排名最高的新兴经济体。今天，我们比历史上任何时期都更接近、更有信心和能力实现中华民族伟大复兴的目标，中华民族的精神面貌也日新月异，中国特色社会主义文化事业欣欣向荣。在民族精神的不断焕发下，不管前进道路上的困难和挫折多么复杂，民族复兴、强国建设的事业都会得到有力推进。党的二十大报告指出："全面建设社会主义现代化国家，必须坚持中国特色社会主义文化发展道路，增强文化自信，围绕举旗帜、聚民心、育新人、兴文化、展形象建设社会主义文化强国，发展面向现代化、面向世界、面向未来的，民族的科学的大众的社会主义文化，激发全民族文化创新创造活力，增强实现中华民族伟大复兴的精神力量。"[1]

中国共产党一直是在不断摸索中前进的。"中国革命斗争的胜利要靠中国同志了解中国情况。"1963年9月3日，毛泽东同志在会见由中央委员会主席艾地率领的印度尼西亚共产党代表团时，回顾中国共产党历史，曾讲过这样一段话："离开了先生，学生就自己学。有先生有好处，也有坏处。不要先生，自己读书，自己写字，自己想问题。这是一条真理。过去我们就是由先生把着手学写字，从一九二一年党成立到

---

1 《习近平著作选读》第1卷，人民出版社2023年版，第35页。

一九三四年，我们就是吃了先生的亏，纲领由先生起草，中央全会的决议也由先生起草，特别是一九三四年，使我们遭到了很大的损失。从那之后，我们就懂得要自己想问题。我们认识中国，花了几十年时间。中国人不懂中国情况，这怎么行？真正懂得独立自主是从遵义会议开始的，这次会议批判了教条主义。"[1]

1927年大革命失败后，毛泽东同志率领秋收起义的部队上了井冈山，创立了中国第一块农村革命根据地。正是以毛泽东同志为主要代表的中国共产党人，把马克思列宁主义基本原理同中国具体实际相结合，一切从实际出发，实事求是，坚持独立自主，才带领中国人民走出了一条农村包围城市、最后夺取全国胜利的革命道路。遵义会议，事实上确立了毛泽东同志在党中央和红军的领导地位，开始确立以毛泽东同志为主要代表的马克思主义正确路线在党中央的领导地位，开始形成以毛泽东同志为核心的党的第一代中央领导集体。在此之后开展的延安整风，使全党达到了高度的团结和统一，成为"一块坚硬的钢铁"。在党的七大上，党总结历史经验，将独立自主确定为重要方针。毛泽东同志在七大上所作的结论中指出："全党团结起来，独立自主，克服困难，这就是我们的方针。"他还将能否实行这一方针视为对我们党的重大考验："现在对中国共产党就是一个大考验，考验我们究竟成熟了没有，有本事没有。"[2] 1949年6月，毛泽东同志在新政治协商会议筹备会上发表了重要讲话，他指出："中国必须独立，中国必须解放，中国的事情必须由中国人民自己作主张，自己来处理，不容许任何帝国主义国家再有一

---

1　中共中央文献研究室编：《毛泽东文集》第8卷，人民出版社1999年版，第338—339页。
2　中共中央文献研究室编：《毛泽东文集》第3卷，人民出版社1996年版，第392、393页。

丝一毫的干涉""中国人民将会看见,中国的命运一经操在人民自己的手里,中国就将如太阳升起在东方那样,以自己的辉煌的光焰普照大地,迅速地荡涤反动政府留下来的污泥浊水,治好战争的创伤,建设起一个崭新的强盛的名副其实的人民共和国"。[1]

在改革开放和社会主义现代化建设新时期,邓小平同志反复强调:"我们的现代化建设,必须从中国的实际出发。无论是革命还是建设,都要注意学习和借鉴外国经验。但是,照抄照搬别国经验、别国模式,从来不能得到成功""中国的事情要按照中国的情况来办,要依靠中国人自己的力量来办。独立自主,自力更生,无论过去、现在和将来,都是我们的立足点""独立自主才真正体现了马克思主义""中国是这么大的国家,我们做的事是前人没有做过的。中国有自己的特点,所以我们只能按中国的实际办事""改革开放必须从各国自己的条件出发。每个国家的基础不同,历史不同,所处的环境不同,左邻右舍不同,还有其他许多不同"。[2]针对20世纪80年代末西方国家对我国实施的所谓"制裁",邓小平同志深刻指出:"要维护我们独立自主、不信邪、不怕鬼的形象。我们绝不能示弱。你越怕,越示弱,人家劲头就越大。并不因为你软了人家就对你好一些,反倒是你软了人家看不起你""特别是像我们这样第三世界的发展中国家,没有民族自尊心,不珍惜自己民族的独立,国家是立不起来的""如果中国不尊重自己,中国就站不住,国格没有了,关系太大了"。[3]

党的十八大以来,以习近平同志为核心的党中央立足中国、放眼世

1 《毛泽东选集》第4卷,人民出版社1991年版,第1465、1467页。
2 《邓小平文选》第3卷,人民出版社1993年版,第2、3、221、229、265页。
3 《邓小平文选》第3卷,人民出版社1993年版,第320、331、332页。

界、面向未来，胸怀中华民族伟大复兴的战略全局和世界百年未有之大变局，统揽伟大斗争、伟大工程、伟大事业、伟大梦想，就党和国家事业的发展作出一系列重大决策。习近平总书记就独立自主问题提出一系列新思想新观点新论断，把我们党对这一问题的认识提升到新高度，全党全国的文化自信达到了新的高度，为我们在新时代新征程坚持独立自主，指明了方向，提供了根本遵循。

## 二、事关文化安全

在现代社会，维护国家安全、处理好发展与安全之间的关系变得越来越重要。文化安全是国家安全的重要内涵。《中华人民共和国国家安全法》第二十三条规定：国家坚持社会主义先进文化前进方向，继承和弘扬中华民族优秀传统文化，培育和践行社会主义核心价值观，防范和抵御不良文化的影响，掌握意识形态领域主导权，增强文化整体实力和竞争力。

近代以来，中国曾经面临巨大的挑战。"西方对中国的挑战，在形式上是军事的、经济的、政治的侵略。实则上，则是西方价值对中国价值的挑战，西方文化对中国文化的挑战。的确，这不只是一国族兴亡的问题，也是一文化绝续的问题。"[1]

当今世界，随着全球化发展，经济社会体系开放性增强，不同文化

---

[1] 金耀基：《中国现代化的终极愿景》，上海人民出版社2013年版，第4页。

之间相互交流、渗透、融合及冲突均有所深化，文化带来的冲击增大，各个国家都更加重视文化安全。在社会主义发展史上，曾经留下由于文化方面的渗透、冲击而导致苏联解体、东欧剧变的惨痛教训。由于各种原因，以美国为首的西方发达国家凭借其经济技术优势对我国实施经常性多层面的文化渗透，试图掌控话语优势，在思想文化领域制造难以打破的信息茧房。在社会主义市场经济建立和深化过程中，我国经济社会发展依然需要提质转型，思想意识和价值观念日益多样化，某些外来的负面文化因素影响较强，民族传统文化和主流意识形态等在一些方面遭受了一定的冲击，新的文化阵地受到的影响比较突出，文化发展不平衡，中华优秀传统文化的发展与繁荣受到威胁。互联网等现代技术的发展，使得文化的传播渗透更加容易。这些都给文化安全造成了不可低估的不良影响。习近平总书记指出，中国特色社会主义是社会主义，不是别的什么主义。"如果'以洋为尊'、'以洋为美'、'唯洋是从'"，"跟在别人后面亦步亦趋、东施效颦，热衷于'去思想化'、'去价值化'、'去历史化'、'去中国化'、'去主流化'那一套，绝对是没有前途的"。[1]"我们说要坚定中国特色社会主义道路自信、理论自信、制度自信，说到底是要坚定文化自信。文化自信是更基本、更深沉、更持久的力量。历史和现实都表明，一个抛弃了或者背叛了自己历史文化的民族，不仅不可能发展起来，而且很可能上演一场历史悲剧。"[2]

维护文化安全，必须保护和弘扬民族的优秀传统文化，必须重视文

---

[1] 中共中央文献研究室编：《习近平关于社会主义文化建设论述摘编》，中央文献出版社2017年版，第9、12页。

[2] 中共中央文献研究室编：《习近平关于社会主义文化建设论述摘编》，中央文献出版社2017年版，第9、12页。

化软实力的综合提升。事实表明，传统的不一定是陈旧落后的，精神文化上的优秀传统永远是需要发扬的底色。习近平总书记指出：提高国家文化软实力，要努力展示中华文化独特魅力；呈现中华民族和平发展的理念，阐明中华民族的血液中没有侵略他人、称霸世界的基因，中国人民不接受"国强必霸"的逻辑，愿意同世界各国人民和睦相处、和谐发展，共谋和平、共护和平、共享和平。

坚定文化自信是维护文化安全的内在要求。"自信才能自强。有文化自信的民族，才能立得住、站得稳、行得远。中华文明历经数千年而绵延不绝、迭遭忧患而经久不衰，这是人类文明的奇迹，也是我们自信的底气。坚定文化自信，就是坚持走自己的路。坚定文化自信的首要任务，就是立足中华民族伟大历史实践和当代实践，用中国道理总结好中国经验，把中国经验提升为中国理论，既不盲从各种教条，也不照搬外国理论，实现精神上的独立自主。要把文化自信融入全民族的精神气质与文化品格中，养成昂扬向上的风貌和理性平和的心态。"[1]不断增强文化自信，才能养成传承、转化中华优秀传统文化的自觉，发扬传统文化中的精粹，并从中发掘新时代文化建设需要的文化资源、精神养分；不断增强文化自信，才能坚持自身的文化选择，摆脱西方中心主义的支配和影响，从而自主确立正确的文化发展理念、目标和路径，坚持中国特色社会主义方向和立场，坚持满足广大人民群众日益增长的精神文化需求；不断增强文化自信，才能对中国特色社会主义文化的现状和未来作出科学客观的判断，坚定对主流文化的信念信心，聚集激发新时代中国特色社会主义文化建设、文化创新的强大动力。

---

1　习近平：《在文化传承发展座谈会上的讲话》，《求是》2023年第17期。

## 三、事关民族精神独立性

人是需要精神的全面存在，缺乏精神追求将走向虚无迷茫。国家、民族、社会也是如此。黑格尔认为，一个有文化的民族"如果没有哲学，就像一座庙，其他方面都装饰得富丽堂皇，却没有至圣的神那样"[1]。

2020年，习近平总书记在全国抗击新冠肺炎疫情表彰大会上指出：唯有精神上站得住、站得稳，一个民族才能在历史洪流中屹立不倒、挺立潮头。"坚定文化自信的首要任务，就是立足中华民族伟大历史实践和当代实践，用中国道理总结好中国经验，把中国经验提升为中国理论，既不盲从各种教条，也不照搬外国理论，实现精神上的独立自主。"[2]中国式现代化是一个综合性概念，包括必要的物质基础，也包括相应的精神文化基础。在经济社会发展过程中，注重物的全面丰富和人的全面发展的均衡，尽量满足人民文化需求、增强人民精神力量，充分发挥主体积极性，实现精神上的独立自主，对于顺利推进中国式现代化至关重要。

人类社会发展的长期历史表明，国家和民族具有自身的文化基因、精神传承、道德观念，精神上的面貌一定程度上决定着国家和民族的性质、特征、价值追求以及未来走向。中华民族具有独立自主的优良传统，中华文化始终保持自己的独特优势。中华文化蕴含着丰富积极的精

---

1 〔德〕黑格尔：《逻辑学》，杨一之译，商务印书馆1986年版，第2页。
2 习近平：《在文化传承发展座谈会上的讲话》，《求是》2023年第17期。

神元素，如"自强不息"的奋斗精神，"己所不欲，勿施于人""以德为先"的处世原则，"天下大同""先天下之忧而忧，后天下之乐而乐"的使命担当，"位卑未敢忘忧国""苟利国家生死以，岂因祸福避趋之"的报国情怀，"以仁为本""富贵不能淫，贫贱不能移，威武不能屈"的浩然正气，"人不知而不愠""人生自古谁无死，留取丹心照汗青""鞠躬尽瘁，死而后已"的奉献精神等，都成为中国人长期以来信奉遵循的精神底色，支撑中华民族历经磨难而自信自强，为中华民族薪火相传提供了丰厚滋养，是实现精神上独立自主不可缺失的文化根基。

中国共产党成立以来，始终注重从中华优秀传统文化中汲取精神独立自主的养分，不遗余力弘扬民族精神。毛泽东同志指出："我们是马克思主义的历史主义者，我们不应当割断历史。从孔夫子到孙中山，我们应当给以总结，承继这一份珍贵的遗产。"[1]并提出了"古为今用""推陈出新"等方针，主张"取其精华、去其糟粕"，批判性地继承中华传统文化。习近平总书记指出："党的百年奋斗成功道路是党领导人民独立自主探索开辟出来的，马克思主义的中国篇章是中国共产党人依靠自身力量实践出来的，贯穿其中的一个基本点就是中国的问题必须从中国基本国情出发，由中国人自己来解答。"[2]党成立初期，由于受到教条主义影响，几乎葬送了中国革命。1935年1月，遵义会议开启了党独立自主解决中国革命实际问题的新阶段。以毛泽东同志为主要代表的中国共产党人，把马克思列宁主义基本原理同中国革命具体实践相结合，独立自主开辟了农村包围城市、武装夺取政权的正确革命道路，带领中国人

---

1　《毛泽东选集》第2卷，人民出版社1991年版，第534页。
2　《习近平著作选读》第1卷，人民出版社2023年版，第16页。

民取得了新民主主义革命的胜利。新中国成立后，我们党坚持独立自主、自力更生，处理好社会主义建设面临的各种辩证关系，开始探索适合我国国情的社会主义建设道路。党的十一届三中全会后，我们党明确提出把马克思主义的普遍真理同我国的具体实际结合起来，走自己的道路，实行改革开放，开辟、坚持和发展了中国特色社会主义，实现了持续快速稳定发展。

党的十八大以来，习近平总书记就独立自主问题提出了一系列新思想新观点新论断，强调必须坚持自信自立；强调独立自主是我们党从中国实际出发、依靠党和人民力量进行革命、建设、改革的必然结论；强调独立自主是中华民族的优良传统，是中国共产党、中华人民共和国立党立国的重要原则；强调要坚持中国的事情必须由中国人民自己作主张、自己来处理；强调不论过去、现在和将来，我们都要把国家和民族发展放在自己力量的基点上，坚持民族自尊心和自信心，坚定不移走自己的路；强调独立自主的探索和实践精神，是我们党全部理论和实践的立足点，也是党和人民事业不断从胜利走向胜利的根本保证；强调要坚定不移走中国特色社会主义道路，既不走封闭僵化的老路，也不走改旗易帜的邪路；强调要坚持独立自主的和平外交政策，坚定不移走和平发展道路；明确提出实现精神上的独立自主，建设社会主义文化强国；强调我们要虚心学习借鉴人类社会创造的一切文明成果，但我们不能数典忘祖，不能照抄照搬别国的发展模式，也绝不会接受任何外国颐指气使的说教；强调要坚决维护国家主权、安全、发展利益，任何外国不要指望我们会拿自己的核心利益做交易，不要指望我们会吞下损害我国主权、安全、发展利益的苦果；强调要敢于斗争、善于斗争；等等。这些重要论述，是习近平新时代中国特色社会主义思想的重要组成部分，是习近平总书记对党的独立自主原则和思想的继承和发展、创新和升华。

改革开放以后，在发展社会主义市场经济导向下，我国人民参与社会主义现代化建设的积极性、能动性和创造性空前提高，全社会活力和动力得到前所未有的调动和发挥，社会生产力和综合实力大为增强。但与此同时，也出现了历史虚无主义、文化虚无主义、新自由主义等错误思潮。历史虚无主义否定或虚无中国历史、中华文明史、中华民族道德生活史、中华民族爱国主义发展史、中国共产党历史等，以丑化历史事件或人物为表现。文化虚无主义否定或虚无中华优秀传统文化、革命文化、社会主义先进文化，在一定范围内传播各种消极低俗的文化观念。新自由主义企图在中国推行西方主流的"普世价值"、自由观念、利己主义等，希望把中国特色社会主义引向基督教为基础的西方资本主义。思想文化领域上的这些复杂成分，表明实现精神上的独立自主任重道远。习近平总书记强调："一个民族、一个人能不能把握自己，很大程度上取决于道德价值。如果我们的人民不能坚持在我国大地上形成和发展起来的道德价值，而不加区分、盲目地成为西方道德价值的应声虫，那就真正要提出我们的国家和民族会不会失去自己的精神独立性的问题了。如果没有自己的精神独立性，那政治、思想、文化、制度等方面的独立性就会被釜底抽薪。"[1]正如《人民日报》评论："当高楼大厦在我国大地上遍地林立时，中华民族精神的大厦也应该巍然耸立。"

社会发展各个领域、各个方面背后都能看到文化的身影，"文化发

---

1　中共中央党史和文献研究院编：《习近平关于社会主义精神文明建设论述摘编》，中央文献出版社2022年版，第97页。

展是推动人类社会发展和决定世界政治格局的终极因素"[1]。人类历史上，没有哪一个民族、没有哪一个国家可以通过依赖外部力量、跟在他人后面亦步亦趋真正实现强大和振兴。中国共产党自成立以来，不断推进马克思主义中国化时代化，团结带领人民走出了符合中国实际的新民主主义革命道路、社会主义革命道路、社会主义建设道路、中国特色社会主义道路，推动中国特色社会主义进入新时代，在新时代实现了历史性变革，创造了彪炳史册的人间奇迹。历史已经证明并将继续证明，从本国国情和实际出发，实现精神上的独立自主，勇于探索创新，坚持走自己的路，才能摆脱各种外部依附，顺利实现自身现代化，提振民族自尊心、自信心、自豪感。习近平总书记强调，必须坚持以中国式现代化推进中华民族伟大复兴，既不走封闭僵化的老路，也不走改旗易帜的邪路，坚持把国家和民族发展放在自己力量的基点上、把中国发展进步的命运牢牢掌握在自己手中。

## 四、事关人民美好生活

"仓廪实而知礼节，衣食足而知荣辱。"全面建成小康社会之后，人民钱包越来越鼓、饭碗越来越稳，更加具备了文化自信的物质基础，追求更高水平的精神文化生活日益成为现实需求。正如马克思指出的："已经得到满足的第一个需要本身、满足需要的活动和已经获得的为满

---

1 郑彪：《中国软实力》，中央编译出版社2010年版，第27页。

足需要而用的工具又引起新的需要。"[1]

人是全面性的存在物，但在市场活动中会不自觉地走向物化。卢卡奇分析了这种物化现象："人自己的活动，人自己的劳动，作为某种客观的东西，某种不依赖于人的东西，某种通过异于人的自律性来控制人的东西，同人相对立。"[2]物化现象，"在客观方面是产生出一个由现成的物以及物与物之间关系构成的世界（即商品及其在市场上的运动的世界），它的规律虽然被逐渐地被人们所认识，但是即使在这种情况下还是作为无法制服的、由自身发生作用的力量同人们相对立。因此，虽然个人能为自己的利益而利用对这种规律的认识，但他也不可能通过他对自己的活动改变现实过程本身。在主观方面——在商品经济充分发展的地方——人的活动同人本身相对立地被客体化，变成一种商品，这种商品服从社会的自然规律的异于人的客观性，它正如变为商品的任何消费品一样，必然不依赖于人而进行自己的活动"[3]。克服对于物的片面追求，需要进入精神文化层面。

为人民谋幸福、为民族谋复兴，这既是我们党领导现代化建设的出发点和落脚点，也是新发展理念的"根"和"魂"。只有坚持以人民为中心的发展思想，坚持发展为了人民、发展依靠人民、发展成果由人民共享，才会有正确的发展观、现代化观。[4]

现代化的最终目标是实现人自由而全面的发展。现代化道路最终能否走得通、行得稳，关键要看是否坚持以人民为中心。现代化不仅要看

---

1 《马克思恩格斯选集》第1卷，人民出版社2012年版，第159页。
2 〔匈〕卢卡奇：《历史与阶级意识》，杜章智译，商务印书馆1992年版，第147页。
3 〔匈〕卢卡奇：《历史与阶级意识》，杜章智译，商务印书馆1992年版，第147—148页。
4 《习近平谈治国理政》第4卷，外文出版社2022年版，第171页。

纸面上的指标数据，更要看人民的幸福安康。[1]

党的十八大报告指出，进入新时代，我国社会主要矛盾转化为人民日益增长的美好生活需要和不平衡不充分的发展之间的矛盾。美好生活的需要应当是全面的，既包括物质上的需要，也包括精神文化上的需要，而且随着生活水平的不断提高，精神文化上的需要越来越重要。人们在追求物质生活的同时，盼望更丰富的精神文化生活，更加追求生活的文化内涵和精神境界，由此衍生出来的获得感、幸福感、安全感以及尊严、权利、当家作主等更具主观色彩的"软需求"，则进一步体现出人民生活的"美好"意蕴，并在此基础上升华为对民主、法治、公平、正义、安全、生态等方面的更高期待，从而使获得感成色更足、安全感更有保障、幸福感更可持续。可以说，进入新时代，我国人民日益增长的美好生活需要的精神文化层面愈加凸显，人民美好精神文化需求愈加强劲。这显然对我们的文化建设提出了更高的要求。

推进中国式现代化是我们面临的现实任务。中国式现代化是以人民为中心的现代化，是新型的全面现代化。《人民日报》2023年8月16日发表评论指出："中国式现代化既要物质财富极大丰富，也要精神财富极大丰富、在思想文化上自信自强。要坚持两手抓、两手硬，促进物质文明和精神文明相互协调、相互促进。"让全体人民始终拥有团结奋斗的思想基础、开拓进取的主动精神、健康向上的价值追求。要顺应人民日益增长的精神文化需求，建设具有强大凝聚力和引领力的社会主义意识形态，加强理想信念教育和"四史"宣传教育，培育和弘扬社会主义

---

1　习近平：《携手同行现代化之路——在中国共产党与世界政党高层对话会上的主旨讲话》，人民出版社2023年版，第2页。

核心价值观，发展社会主义先进文化，推出更多优秀文艺作品，不断丰富人民精神世界，提高全社会文明程度，促进人的全面发展。

满足人民美好生活需要，必须大力发展文化产业。在国际社会，更多地将文化产业称为文化创意产业（Cultural and Creative Industries，CCI）。无论在发达国家还是发展中国家，文化创意产业都是国家经济的重要发动机，是发展最快的行业，直接影响价值创造、社会就业和出口贸易，是一国文化软实力的关键指标。按照联合国教科文组织的界定，文化创意产业包括广告设计、建筑艺术、图书、电子游戏、音乐、电影、报刊、演出、广播、电视、视觉艺术十一个具体领域。这些领域的发展，显然影响到人民日常生活的方方面面。

对人们精神文化生活的重视越来越成为国家战略的重要视野。1990年8月3日，南方委员会发表了题为《对南方的挑战》的长篇报告，这是第三世界对自身发展与全球发展的一个纲领性文件。这篇报告提出："文化应当是发展战略的中心要素。"报告认为，文化是一个社会价值观、信仰、心态、风俗和行为方式的总和，是社会和经济变革的重大支柱。资本形成和技术进步是发展的重要因素，但是它们生效的大环境则是一个社会的文化。一个社会只有在稳定的文化的基础上才能在发展与经济现代化出现的深刻变化中保持其凝聚力和安全感。所以，文化应当是发展战略的中心要素，这有两重意义：一是发展战略应该对于社会的文化基础价值观、心态和风俗有敏锐的反映。二是发展战略应把文化发展，即社会文化的创造性发展、深化和变革作为一项目标。发展战略如果缺乏对文化价值观的关切，就可能产生社会反作用，从而阻碍了发展战略的实施。[1]

## 五、事关文明共存互促

中华民族在革命、建设、改革的长期奋斗中孕育和弘扬的伟大民族精神，是文化自信的重要源泉，为中国发展和人类文明进步提供了强大精神动力。伟大创造精神、伟大奋斗精神、伟大团结精神、伟大梦想精神是伟大民族精神的重要体现，铸就了中华民族的独特面貌，也为中国式现代化提供了强大精神支撑。国家和民族的崛起必须以文化创新和文明进步为先导，中华民族始终坚持马克思主义理论的指导地位，传承和弘扬中华优秀传统文化，推进马克思主义中国化时代化，推动中华优秀传统文化的守正创新，构建中国叙事体系和民族话语权，创造性地孕育了一个充满活力、有机统一的新的文化生命体，让中华文明穿越时空，焕发出蓬勃生机。正是因为中华民族始终以开放包容、自信自强的姿态，既保留中华文明的滋养，又保持同其他文明的对话，以文明交流超越文明隔阂，以文明互鉴超越文明冲突，以文明共存超越文明优越，才能为世界文明作出独特贡献。

文化如水，润物无声。物之不齐，物之情也。人类文明多样性是人类社会的基本特征，也是人类进步的源泉。在日常生活中，经常看到不同国度的人们对待同一事物呈现相异的态度和行为，这透露出文化的深

---

[1] 姚志学主编：《中国和其他发展中国家现代化之比较》，湖北人民出版社1993年版，第268页。

层次作用。基辛格在《世界秩序》一书中提出"相异的文化"是否可能"构成一个共同体系"的问题。习近平总书记指出，不同国家、民族的思想文化各有千秋，只有姹紫嫣红之别，而无高低优劣之分，都应该得到承认和尊重。人类在漫长的历史长河中，形成了纵向上不同时期文明的发展演化和横向上不同国家、民族文明的多元并存，创造了多姿多彩的人类文明，绘就了波澜壮阔的文明图谱。无论是古代的中华文明、希腊文明、罗马文明、埃及文明、两河文明、印度文明等，还是现在的亚洲文明、非洲文明、欧洲文明、美洲文明、大洋洲文明等，都是人类文明华章的精彩呈现，都是值得珍视的文明瑰宝。文化的差异性不一定导致文化之争。每一种文明都有自己独特的内涵、特征，都有区别于其他文明的不同之处、独到之处，在价值上是平等的，应该相互平等交流、共同进步。如果缺乏自信，那么难以参与到文明发展的大潮中去，难以在平等尊重中获得发展的机会。

中华优秀传统文化是我们最深厚的文化软实力，也是中国特色社会主义植根的文化沃土。中华文化自古以来就蕴含着开放包容、和谐共生的基本特质。《楚辞》曰"夫尺有所短，寸有所长"，这就需要"三人行，必有我师焉"的态度。《周易》认为"一阴一阳之谓道"，阴阳二者并非代表对立，实为一种互补、对应和包容的关系。英国汉学家葛瑞汉指出，中国人倾向于把对立双方看作包容互补的关系，而西方人则习惯于强调二者的冲突。"和而不同"是中华文化和谐共生精神的集中体现。"和，相应也"，中国古人常常将音乐的和谐作为处理人与人、人与天地万物等关系的范式。"和"之所以如此重要，因为它是生成万物的必要条件。"和实生物，同则不继"，不同的事物相互调和、融合才能生成繁盛的新事物。中华传统文化中的"和"包含和平、包容、开明、开放等多重内容，要求既肯定事物的多样性，又包容事物的差异性，并将不同的事物融合到一个和合体中。差异性是万物生长的前提，多样性的调和是万物生生不息的基本条件。追求不同文明的和谐发展是中华民族悠久的文化传统。历史上的古丝绸之路极大推动了中国与沿线各国人民的文化交流，古丝绸之路沿线国家宗教文化的相互交流促进了中外民众精神信仰层面的融通，为丝路贸易的和平发展作出了重要贡献。今天，我们致力于推进"两个结合"，实现中华优秀传统文化的创造性转化和创新性发展，也必将在世界范围内更好地传递中华文明的智慧。

当今世界，多重挑战和危机交织叠加，冷战思维阴魂不散，各种文化思潮激流涌荡，人类社会面临前所未有的挑战。如何正确回答中国之问、世界之问、人民之问、时代之问，决定着中国和世界的共同前途，而这以对文化之问的正确解答为重要前提和保证。随着地缘政治冲突日益加剧，"文明冲突论""文明优越论"等论调沉渣泛起，加剧了不同文明之间的隔阂，严重阻碍了国际社会交流与合作。随着全球化深入发展，国际社会以意识形态划界、大搞阵营对抗的冷战思维及以"价值观"为名划分敌友、拉帮结派的做法，给整个世界的和平与发展、繁荣与进步带来巨大阴影。中国提出的全球文明倡议积极回应国际社会对文明交流互鉴的普遍诉求，推动并引领文明包容共存的前进方向。文明交流互鉴是不同国家、不同民族增进了解、建立互信、构筑友谊、加强合作的应有之义。习近平总书记指出，深化人文交流互鉴是消除隔阂和误解、促进民心相知相通的重要途径。世界上有多种文化和文明，都是人类社会的宝贵财富。文明因交流而多彩，文明因互鉴而丰富。只有加强国际人文交流合作、开展不同文明对话，才能消除因文化差异而带来的隔阂，才能避免落入文明冲突的陷阱，才能共同为世界和平发展、人类文明发展进步注入正能量。

习近平总书记在庆祝中国共产党成立一百周年大会上指出："我们坚持和发展中国特色社会主义，推动物质文明、政治文明、精神文明、社会文明、生态文明协调发展，创造了中国式现代化新道路，创造了人类文明新形态。"[1]中国共产党领导中国人民不懈探索，以中国式现代化开创人类文明新形态，创造了举世瞩目的发展成就。中国式现代化具有鲜明的中国特色，立足于中国国情，不仅深刻改变了中华民族的前途命运，也为人类进步事业作出了伟大贡献，拓展了发展中国家走向现代化的途径，为人类对更好社会制度的探索提供了中国方案。中国式现代化摒弃了西方以资本为中心的现代化、两极分化的现代化、物质主义膨胀的现代化、对外扩张掠夺的现代化老路，进一步证明了现代化道路没有固定模式，只要符合本国国情、适合本国发展、能满足人民群众对美好生活的向往，就是最好的发展道路。中国式现代化是一场文明延续、迭代与创新的巨变，它不仅集中刻画了中华五千多年文明赓续的特殊规律，更在多个维度上探寻着人类文明特别是发展中国家、后起国家文明复兴的普遍规律，以及不同文明在同一时空环境下交融互鉴的普遍格局。

---

1 《习近平著作选读》第2卷，人民出版社2023年版，第483页。

# 第三章　为什么能够自信?

文化自信代表着整个社会中积极向上的主导性精神文化力量和整体形象，能够凝聚人心、强化动力、营造环境。文化自信是对文化自我、文化主体性的正面认知，来源于历史的发展、文化的积淀、实践的成就。中国共产党、中华人民共和国、中华民族最有理由自信，当代中国不断强化文化自信，有着充足的理由和底气。

## 一、人类文明是由世界各国各民族共同创造的

英国学者马丁·雅克曾提出，如果以西方棱镜观察中国，那么永远无法看到中国的整体状况，同时也无法对中国作出正确的判断。中国对文化的传承，对世界的担当，是历史的客观产物，是对于世界文明共同发展的信心。

随着启蒙时代以来资本主义的快速发展，世界上越来越多的地区被纳入世界市场的范围，文化的交流碰撞随之而不可避免。马克思、恩格

斯在《共产党宣言》中指出,由于资本主义世界市场的出现,世界前所未有地被结合成一个整体,不仅世界范围内的物质生产因全球化浪潮被结合成一个整体,同样"各民族的精神产品成了公共的财产。民族的片面性和局限性日益成为不可能,于是由许多种民族的和地方的文学形成了一种世界的文学"[1]。这表明,随着市场化的发展,世界文化的创造和传播在一定程度上成为世界的共同事业,越来越需要各个民族各个国家之间的交流、合作和理解。

福泽谕吉认为,先有思想现代化,后有制度现代化,才有器物现代化。有西方学者曾表达过打破既往殖民逻辑建立新的文化理念、消灭文化霸权主义的愿望,但是在西方语境下,这只能是一种愿望,无法成为有效的理论建构和现实实践。习近平总书记站在人类命运共同体的高度认识到,全世界各民族之间的关系应该超出"我生产,你消费"的资本逻辑关系,而是共同创造、共同享有的关系,尽量符合公平正义。从全人类的高度来看,"历史和现实都表明,人类文明是由世界各国各民族共同创造的"。每一个民族都有自己优秀的文化,这种文化不应被资本转化为单一的好莱坞式文化景观,被反过来用于文化输出,消弭特定民族的文化自信、文化认同,而是发挥各个民族文化的优势,让一个民族的优秀文化成为既保留特色,又被世界各民族学习、享有的共同精神财富。

中国所秉承的是中华优秀传统文化中"美美与共、天下大同"的命运共同体意识,这种全球视野和未来意识植根于中华民族精神深处。汤因比就曾感叹,几千年来只有中华民族最擅长在各个民族之间建立

---

1 《马克思恩格斯选集》第1卷,人民出版社2012年版,第404页。

起政治、文化上的融合统一关系。可以说，与各民族在文化上交融共生、和而不同、美美与共的文化精神，是中华文明自古有之的文化特色和景象。西方很多国家也试图实行所谓的"多元文化"，但难以真正转化为实践。无论是英法试图用自己的剧作对美国进行反向输出，或抢占美国好莱坞占据的世界文化市场；还是拉美国家用自己的电视节目打入世界电视市场试图赢得收视率；抑或是印度宝莱坞试图仿效美国好莱坞的生产模式输出印度文化，这些实际上依然是对抗逻辑的翻版。

习近平总书记曾在讲话中举例强调，古希腊产生了对人类文明影响深远的神话、寓言、雕塑、建筑艺术，埃斯库罗斯、索福克勒斯、欧里庇得斯、阿里斯托芬的悲剧和喜剧是希腊艺术的经典之作。俄罗斯有普希金、果戈理、莱蒙托夫、屠格涅夫、陀思妥耶夫斯基、涅克拉索夫、车尔尼雪夫斯基、托尔斯泰、契诃夫、高尔基、肖洛霍夫、柴可夫斯基、里姆斯基-科萨科夫、拉赫玛尼诺夫、列宾等大师。法国有拉伯雷、拉封丹、莫里哀、司汤达、巴尔扎克、雨果、大仲马、小仲马、莫泊桑、罗曼·罗兰、萨特、加缪、米勒、马奈、德加、塞尚、莫奈、罗丹、柏辽兹、比才、德彪西等大师。英国有乔叟、弥尔顿、拜伦、雪莱、济慈、狄更斯、哈代、萧伯纳、透纳等大师。德国有莱辛、歌德、席勒、海涅、巴赫、贝多芬、舒曼、瓦格纳、勃拉姆斯等大师。美国有霍桑、朗费罗、斯托夫人、惠特曼、马克·吐温、德莱赛、杰克·伦敦、海明威等大师……印度人民也是具有非凡文艺创造活力的，大约公元前1000年前后就形成了《梨俱吠陀》《阿达婆吠陀》《娑摩吠陀》《夜柔吠陀》四种本集，法显、玄奘取经时，印度的诗歌、舞蹈、绘画、宗教建筑和雕塑就达到了很高的水平，泰戈尔更是产生了世界性的影响。这充分表明，文明是世界各国共同创造汇聚的汪洋大海，离开哪一个民族、哪一个国家、哪一种文化都不可能。

习近平总书记指出，中华文明是在同其他文明不断交流互鉴中形成的开放体系。从历史上的佛教东传、"伊儒会通"，到近代以来的"西学东渐"、新文化运动、马克思主义和社会主义思想传入中国，再到改革开放以来全方位对外开放，中华文明始终在兼收并蓄中历久弥新。中华文明不仅是中华民族的文明，也是亚洲文明、世界文明的重要组成部分。在亚洲文明、世界文明的谱系中，中华文明具有鲜明特性和独特价值，是在同其他文明进行交流互鉴中不断形成和发展起来的文明体系。千百年来，中华文明积极同周边和世界其他地区的文明进行交流互鉴，面对外来的各种文化和文明，保持开放包容而不丧失自我、兼收并蓄而不囫囵吞枣、积极借鉴而不照抄照搬，能够结合中国的具体情况和实际需要，有所鉴别有所分析地取人之长补己之短，因而能够不断地丰富和发展自己。不仅如此，在交流互鉴、发展自己的过程中，中华文明还形成并保持着亲仁善邻、协和万邦的一贯处世之道，惠民利民、安民富民的鲜明价值取向，革故鼎新、与时俱进的永恒精神气质，道法自然、天人合一的内在生存理念等鲜明特性和独特价值。正是由于具有这些鲜明特性和独特价值，中华文明才能够并善于在继承创新中不断发展、在交流互鉴中不断提高、在应时处变中不断升华，从而历经几千年而从未中断，不断续写自己新的历史辉煌。

当今世界变乱交织，乌克兰危机持续延宕，巴以冲突不断爆发，南北差距、发展断层、技术鸿沟等问题异常尖锐，提醒人们世界的和平与发展并非理所当然，文明遭遇前所未有的挑战。人类发展指数三十年来首次下降。面对新的和平和发展困境，如何实现现代化成为广大发展中国家思考愈深、追求愈切的时代课题。习近平主席向2023年"读懂中国"国际会议（广州）致贺信，发出中国与各国携手努力实现世界现代化的强烈呼吁。事实上，2023年10月第三届"一带一路"国际合作高峰论坛期间，习近平主席即提出世界各国共同建设和平发展、互利合作、共同繁荣的现代化，描绘出各国携手实现现代化的宏伟愿景。在国际形势不稳定、不确定、难预料成为常态之时，习近平主席用"和平发展、互利合作、共同繁荣"三个关键词擘画出世界现代化的时代内涵和实现路径。

和平发展是共同事业。纵观世界历史，一些西方国家的现代化进程伴随着冲突、战争，通过这种方式掠夺资源、获取利益。一些国家热衷于打代理人战争，在他国人民的苦难中大发"战争财"。据不完全统计，从1945年第二次世界大战结束到2001年，世界上一百五十三个地区发生了二百四十八次武装冲突。而近年来冷战思维、霸权主义、强权政治、集团对抗等还在威胁世界的和平安宁，威胁世界文明。各国越来越深刻感受到，只有共谋和平、共护和平、共享和平，才能为实现现代化营造良好的发展环境。中国是唯一将和平发展写入宪法和党章、上升为国家意志的发展中大国。中国坚持走和平发展的现代化之路，在坚定维护世界和平与发展中谋求自身发展，又以自身发展更好地维护世界和平与发展。中国经济连续多年快速增长，对全球经济增长的年均贡献率近30％。中国全面消除绝对贫困，对世界减贫贡献率超过70％。中国还不断为人类社会解决极端贫困、可持续发展等全球性难题提供了新方案，为各国共同实现现代化、为文明的延续勾勒出美好景象。

互利合作是交往基础。国际社会发展到今天已经成为一部复杂精巧、有机一体的机器，拆掉一个零部件就会使整个机器运转面临严重困难，被拆的人会受损，拆的人也会受损。如果还是奉行你输我赢、赢者通吃的老一套逻辑，结果必然是封上了别人的门，也堵上了自己的路。作为超大规模市场，中国大力推进高水平对外开放，稳步扩大规则、规制、管理、标准等制度型开放，深化与世界各国利益融合，同世界各国分享中国式现代化带来的新机遇。中方提出的共建"一带一路"倡议从亚欧大陆延伸到非洲和拉美，开创性地将中国式现代化进程中形成的资源、市场、技术、理念，外溢投射到更大的全球发展场域。中老铁路、雅万高铁、蒙内铁路、中巴经济走廊、泰中罗勇工业园、比雷埃夫斯港、佩列沙茨大桥等一大批旗舰项目落地，为共建国家实现现代化提供了更多资源机会。据世界银行估算，若共建"一带一路"框架下的交通基础设施项目全部得以实施，到2030年每年有望为全球产生一万六千亿美元收益。

共同繁荣是崇高目标。过去几百年，西方国家通过对第三世界掠夺、侵略、殖民实现自身现代化，形成美欧资本主义国家居于顶端、广大亚非拉国家压在底层的金字塔型世界现代化格局。世界繁荣稳定不可能建立在贫者愈贫、富者愈富的基础之上。任何国家画地为牢、搞单边主义和保护主义，或者通过打压遏制别国现代化来维护自身发展"特权"，都将损害世界现代化的进程。世界现代化需要从个别的民族国家现代化转变为以谋求全人类共同利益为目标的现代化，追求的是各国携手发展，把所有国家纳入到现代化轨道之中。具有普惠性的世界现代化才更有生命力、吸引力，分裂世界、本国优先的做法不得人心。中国致力于实现全体人民共同富裕，以均衡的发展为世界作出持续贡献。中国提出共建"一带一路"倡议、全球发展倡议、全球安全倡议、全球文明倡议，始终面向各国开放。中国旗帜鲜明推进开放、包容、普惠、平衡、共赢的经济全球化进程，维护多边贸易体制。中国呼吁二十国集团落实支持非洲和最不发达国家实现工业化倡议，在二十国集团缓债倡议中贡献的缓债额度高达百分之六十三。在非洲，过去二十年间中非共建铁路超过一万公里、公路近十万公里、桥梁近千座、港口上百个，在拉丁美洲和加勒比地区，中国累计实施二百余项基建项目，承建数千公里道路、铁路、轻轨，三十多个电站电厂，创造七百六十多万个就业岗位，为地区国家实现现代化提供助力。

对于广大发展中国家而言，实现现代化是一道"必答题"，是迈向文明富裕必须跨过的一道坎。中国根据自身的选择给出了答案，中国式现代化的伟大成就让这些回答更有底气、更有信心。展望未来，世界各国应该携起手来，传承交流合作的文化精神，共同解答时代命题，探索实践符合本国国情的独特现代化道路，为实现和平发展、互利合作、共同繁荣的世界现代化绘出壮美画卷。

## 二、中华民族有着强大的文化创造力

正如习近平总书记指出的，中华优秀传统文化是中华民族不断发展壮大、自强不息的强大精神力量，是我们最深厚的文化软实力，是中国特色社会主义植根的沃土，是我们在世界文化激荡中站稳脚跟的根基。中华民族伟大复兴需要以中华文化发展繁荣为条件，需要文化上的持续支撑。传承和弘扬中华优秀传统文化，推动中华优秀传统文化的复兴，是中华民族伟大复兴的应有之义。

历史和现实都证明，中华民族有着强大的文化创造力。每到重大历史关头，文化都能感国运之变化、立时代之潮头、发时代之先声，为亿万人民、为伟大祖国鼓与呼。中华文化既坚守本根又不断与时俱进，使中华民族保持了坚定的民族自信和强大的修复能力，培育了共同的情感和价值、共同的理想和精神。

没有中华文化繁荣兴盛，就没有中华民族伟大复兴。一个民族的复兴需要强大的物质力量，也需要强大的精神力量。没有先进文化的积极引领，没有人民精神世界的极大丰富，没有民族精神力量的不断增强，一个国家、一个民族不可能屹立于世界民族之林。[1]

在五千多年的历史长河中，中华文明是世界古代文明中唯一没有中断的文明，具有独特的优势，为人类文明发展与进步作出了不可磨灭的贡献。习近平总书记强调："中华优秀传统文化是中华文明的智慧结晶和精华所在，是中华民族的根和魂，是我们在世界文化激荡中站稳脚跟的根基。"[2]

文化的发展从来都是在交流互鉴中不断前行的，中华文化的创造活力推动了世界文化的发展。近代西方文化之形成，不仅接续了古罗马、古希腊文化，吸收了阿拉伯和中东各民族以及印度的文化，而且也

---

1  习近平：《在文艺工作座谈会上的讲话》，人民出版社2015年版，第5页。

2  中共中央党史和文献研究院编：《习近平关于社会主义精神文明建设论述摘编》，中央文献出版社2022年版，第236页。

受到中国文化的影响。几乎在罗马教皇试图把中国变成基督教国家的同时，中国的儒家经典反向流入欧洲各主要国家，"中国热"在欧洲兴起。从培根到莱布尼茨，从康德、黑格尔到歌德，西方学者对中国文化发表看法，表达了向往之情。美国斯塔夫里阿诺斯写道："当时，欧洲知识分子正被有关传说中的遥远的中国文明的许多详细的报道所强烈地吸引住。这些报道以耶稣会传教士的报告为根据，引起了对中国和中国事物的巨大热情。实际上，17世纪和18世纪初叶，中国对欧洲的影响比欧洲对中国的影响大得多。西方人得知中国的历史、艺术、哲学和政治后，完全入迷了。中国由于其孔子的伦理体系、为政府部门选拔人才的科举制度、对学问而不是对作战本领的尊重以及精美的手工业品如瓷器、丝绸和漆器等，开始被推举为模范文明。"[1]

中华民族的文化自信不是偶然的。"在人类文化发展史上，一种文化能获得迅速发展，甚至能在短期之内与固有文化相融贯而升为主流，必然要具备如下条件：其一，自身必须是一种优质文化，具有强大的生命力和革命性；其二，固有文化已经不适应社会实践的发展，亟待更新和转型；其三，这种文化必须与固有文化相融合，即新质淘汰并扬弃旧质，同时保存固有文化中的优秀成分并与其相融合，实现本土化的转换。"[2]中华文化既有自身的优秀传统，又具有创新精神和包容意识，能够及时吸收外在的营养。

文化自信是内化于中华民族精神基因中的强大精神力量，能够激发中华民族和中国人民守正创新的精神特质和思想品格，使不同区域的人

---

1 〔美〕斯塔夫里阿诺斯：《全球通史》，吴象婴、梁赤民译，上海社会科学院出版社1999年版，第225页。

2 张允熠：《四百年中国思想文化之大变局》，商务印书馆2021年版，第531页。

民在共同的文化思想中感受中华民族伟大的创造力和生命力,从而形成强大的凝聚力和向心力。中华优秀传统文化为中国人民团结一体厚植了重要的精神根基,为整个民族的自强不息、积极进取提供了精神依归。特别是鸦片战争以来,国家蒙辱、人民蒙难、文明蒙尘,中华文化依然是最坚韧的精神纽带,维系着中华民族亿万同胞的精神血脉和文化情感,使中华民族能够克服困难。中华优秀传统文化构建了中华民族共有的精神家园,形成了顽强不灭的民族信念,无论遭遇怎样的挫折与困苦,对于中华文化的自信,总是中国人民最重要的底气,也是中国人民在革命、建设、改革等各个时期始终保持坚定理想信念和昂扬精神状态的重要心理支撑。

实现中国梦,必须弘扬中国精神。中国精神必须在坚持社会主义核心价值体系的前提下,积极深入中华民族历久弥新的精神世界,把长期以来我们民族形成的积极向上向善的思想文化充分继承和弘扬起来,使之为培育和践行社会主义核心价值观服务,为建设社会主义先进文化服务、为党和国家事业发展服务,为强国建设、民族复兴服务。因此,要讲清楚中华优秀传统文化的历史渊源、发展脉络、基本走向,讲清楚中华文化的独特创造、价值理念、鲜明特色,不断在强化文化自信中促进中华民族现代文明的发展。要认真汲取中华优秀传统文化的思想精华和道德精髓,大力弘扬以爱国主义为核心的民族精神和以改革创新为核心的时代精神,深入挖掘和阐发中华优秀传统文化讲仁爱、重民本、守诚信、崇正义、尚和合、求大同的时代价值,使中华优秀传统文化成为涵养社会主义核心价值观的重要源泉。

2013年9月21日,联合国教科文组织上演了深圳编创的大型儒家文化合唱交响曲《人文颂》专场音乐会，五个华彩乐章分别以"仁""义""礼""智""信"为主题，用音乐向世界娓娓诉说儒家思想的要义，反响十分强烈。该组织的负责人说："儒家思想所传递的价值让我们看到中国如何在五千多年文明中形成这些思想，又是如何将这些思想不断发扬传承。"今天，世界各地关于中华优秀传统文化的活动不时开展。中华优秀传统文化具有强大的生命张力，跨越了数千年时空，实现了古今异时共存、中外异地共赏，是人类文化宝库里的精品、珍品。我们要把中华传统文化中的优秀因子进一步发掘、弘扬、光大，形成新的竞争优势，打造新的文化软实力。

## 三、中华优秀传统文化永不褪色的价值

中华优秀传统文化是在长期的历史发展中形成的，是一个内容极为丰富的文化宝库。"中华优秀传统文化有很多重要元素，比如，天下为公、天下大同的社会理想，民为邦本、为政以德的治理思想，九州共贯、多元一体的大一统传统，修齐治平、兴亡有责的家国情怀，厚德载物、明德弘道的精神追求，富民厚生、义利兼顾的经济伦理，天人合一、万物并育的生态理念，实事求是、知行合一的哲学思想，执两用中、守中致和的思维方法，讲信修睦、亲仁善邻的交往之道等，共同塑造出中华文明的突出特性。"[1]这些思想理念永远不会过时，需要不断得

---

1 习近平：《在文化传承发展座谈会上的讲话》，《求是》2023年第17期。

到传承和弘扬。

中国共产党既是中国先进文化的积极引领者和践行者，也是中华优秀传统文化的忠实传承者和弘扬者。早在新民主主义革命时期，毛泽东同志就指出："学习我们的历史遗产，用马克思主义的方法给以批判的总结，是我们学习的另一任务。我们这个民族有数千年的历史，有它的特点，有它的许多珍贵品。"[1]党的十八大以来，以习近平同志为核心的党中央坚持辩证唯物主义和历史唯物主义，秉持客观、科学、礼敬的态度，扬弃继承、转化创新，努力使中华民族最基本的文化基因与当代文化相适应、与现代社会相协调。当前，世界范围内思想文化相互激荡，我国社会思想观念深刻变化。只有坚持培元固本和守正创新相统一，深入研究新的时代条件下出现的新情况、新问题，在继承中华优秀传统文化的同时做好创造性转化和创新性发展，才能让民族文化血脉不断延续传承、焕发生机。

中国传统文化的基本精神十分丰富，可以概括为以下要点。其一，天人合一的思想。中国传统文化最重要的精神之一是天人合一，即宇宙万物之中，理一分殊，人与天地同体，以人为贵。这种思想跨越了中国几千年的历史，影响深远。其二，中庸之道。中庸之道是孔子提出的一个哲学概念，强调适度、平衡和中庸。过度的任何事物都会带来不好的后果，只有适度、平衡才是最好的。道不离器，相互为用。其三，尊重传统，弘扬民族精神。中国传统文化注重历史和传统的继承和发展，尊重祖先和长辈，传承民族精神和文化遗产。其四，礼仪文化。传统文化强调礼制和礼仪文化。在中国文化中，礼仪被视为一种文化信仰和行为

---

1 《毛泽东选集》第2卷，人民出版社1991年版，第533—534页。

准则，是人际关系、社会秩序和文化认同的基石。其五，思想内敛、文化厚重。中国传统文化强调思想内敛、行为稳重、文化厚重，崇尚"以德为先""以诚待人"的道德准则。其六，敬天爱人。中国传统文化中，敬天爱人被视为最高的道德准则，提倡"己所不欲，勿施于人""仁者爱人"，强调对自然环境和对他人的尊重和保护。其七，道法自然。主张人与自然和谐，以朴素的思维维护生态平衡。其八，格物致知。倡导刚健有为，强调实事求是。其九，时势转化。重视战略运用，推动时势配合。总之，中国传统文化的基本精神是一种综合性的思想体系，它融合了许多不同的哲学思想和文化传统，强调思想内敛、道德准则、文化传承和社会秩序。中国传统文化不仅体现在独特的理念、习俗、制度之中，而且融入普通中国人的脾性、身体语言、社交等，成为传承至今的血脉特征。

## 四、不断坚定"四个自信"

《中国共产党章程》指出："改革开放以来我们取得一切成绩和进步的根本原因，归结起来就是：开辟了中国特色社会主义道路，形成了中国特色社会主义理论体系，确立了中国特色社会主义制度，发展了中国特色社会主义文化。全党同志要倍加珍惜、长期坚持和不断发展党历经艰辛开创的这条道路、这个理论体系、这个制度、这个文化，高举中国特色社会主义伟大旗帜，坚定道路自信、理论自信、制度自信、文化自信，发扬斗争精神，增强斗争本领，贯彻党的基本理论、基本路线、基本方略，为实现推进现代化建设、完成祖国统一、维护世界和平与促进共同发展这三大历史任务，实现第二个百年奋斗目标、实现中华民族伟大复兴的中国梦而奋斗。"

中国人民在长期的艰辛探索和实践中，找到了、坚持了、拓展了中国特色社会主义道路，使得社会主义在中国获得了具体的实现形式，并且根据实践的发展不断丰富这条道路的内涵。现在最关键的是坚定不移走这条道路、与时俱进拓展这条道路，推动中国特色社会主义道路越走越实、越走越宽广。中国特色社会主义道路，是实现我国社会主义现代化的必由之路，是创造人民美好生活的必由之路。这条道路是强国富民的人间正道，对推动中国经济社会不断发展是十分有效的。实践证明，只有这条道路而没有别的道路，能够引领中国进步、实现人民福祉。

理论自信就是对马克思列宁主义、毛泽东思想、邓小平理论、"三个代表"重要思想、科学发展观、习近平新时代中国特色社会主义思想的自信。马克思主义具有科学性、实践性、人民性，坚持以马克思主义中国化时代化的最新成果为指导，才能引领党的事业不断前进。特别是党的十八大以来，以习近平同志为主要代表的中国共产党人，坚持把马克思主义基本原理同中国具体实际相结合、同中华优秀传统文化相结合，科学回答了新时代坚持和发展什么样的中国特色社会主义、怎样坚持和发展中国特色社会主义等重大时代课题，创立了习近平新时代中国特色社会主义思想。习近平新时代中国特色社会主义思想是对马克思列宁主义、毛泽东思想、邓小平理论、"三个代表"重要思想、科学发展观的继承和发展，是当代中国马克思主义、21世纪马克思主义，是中华文化和中国精神的时代精华，是党和人民实践经验和集体智慧的结晶，是中国特色社会主义理论体系的重要组成部分，是全党全国人民为实现中华民族伟大复兴而奋斗的行动指南，必须长期坚持并不断发展。

习近平总书记强调，中国特色社会主义制度是当代中国发展进步的根本制度保障，是具有鲜明中国特色、明显制度优势、强大自我完善能力的先进制度。中国特色社会主义制度是党和人民在长期实践探索中形成的科学制度体系，我国国家治理一切工作和活动都依照中国特色社会主义制度展开，我国国家治理体系和治理能力是中国特色社会主义制度及其执行能力的集中体现。中国共产党自成立以来，团结带领人民，坚持把马克思主义基本原理同中国具体实际相结合，赢得了中国革命胜利，并深刻总结国内外正反两方面经验，不断探索实践，不断改革创新，建立和完善社会主义制度，形成和发展党的领导和经济、政治、文化、社会、生态文明、军事、外交等各方面制度，加强和完善国家治理，取得历史性成就。党的十八大以来，我们党领导人民统筹推进"五位一体"总体布局、协调推进"四个全面"战略布局，推动中国特色社会主义制度更加完善、国家治理体系和治理能力现代化水平明显提高，为政治稳定、经济发展、文化繁荣、民族团结、人民幸福、社会安宁、国家统一提供了有力保障。新中国成立七十多年来，我们党领导人民创造了世所罕见的经济快速发展奇迹和社会长期稳定奇迹，中华民族迎来了从站起来、富起来到强起来的伟大飞跃。实践证明，中国特色社会主义制度和国家治理体系是以马克思主义为指导、植根中国大地、具有深厚中华文化根基、深得人民拥护的制度和治理体系，是具有强大生命力和巨大优越性的制度和治理体系，是能够持续推动拥有十四多亿人口大国进步和发展、确保拥有五千多年文明史的中华民族实现"两个一百年"奋斗目标进而实现伟大复兴的制度和治理体系。我国国家制度和国家治理体系具有多方面的显著优势，主要是：坚持党的集中统一领导，坚持党的科学理论，保持政治稳定，确保国家始终沿着社会主义方向前进的显著优势；坚持人民当家作主，发展人民民主，密切联系群众，紧紧依靠人民推动国家发展的显著优势；坚持全面依法治国，建设社会主义法治国家，切实保障社会公平正义和人民权利的显著优势；坚持全国一盘棋，调动各方面积极性，集中力量办大事的显著优势；坚持各民族一律平等，铸牢中华民族共同体意识，实现共同团结奋斗、共同繁荣发展的显著优势；坚持公有制为主体、多种所有制经济共同发展和按劳分配为主体、多种分配方式并存，把社会主义制度和市场经济有机结合起来，不断解放和发展社会生产力的显著优势；坚持共同的理想信念、价值理念、道德观念，弘扬中华优秀传统文化、革命文化、社会主义先进文化，促进全体人民在思想上精神上紧紧团结在一起的显著优势；坚持以人民为中心的发展思想，不断保障和改善民生、增进人民福祉，走共同富裕道路的显著优势；坚持改革创新、与时俱进，善于自我完善、自我发展，使社会始终充满生机活力的显著优势；坚持德才兼备、选贤任能，聚天下英才而用之，培养造就更多更优秀人才的显著优势；坚持党指挥枪，确保人民军队绝对忠诚于党和人民，有力保障国家主权、安全、发展利益的显著优势；坚持"一国两制"，保持香港、澳门长期繁荣稳定，促进祖国和平统一的显著优势；坚持独立自主和对外开放相统一，积极参与全球治理，为构建人类命运共同体不断作出贡献的显著优势。

文化自信，是一个国家、一个民族、一个政党对自身文化价值的充分肯定，对自身文化传统、文化生命力、文化发展方向的坚定信念。习近平总书记在庆祝中国共产党成立九十五周年大会上的重要讲话，把"文化自信"与中国特色社会主义道路自信、理论自信、制度自信并列，指出文化自信是"更基础、更广泛、更深厚"的自信，并对文化自信的基本构成、重要地位和重大价值作出精辟论断。

文化自信，是更基础、更广泛、更深厚的自信。在五千多年文明发展中孕育的中华优秀传统文化，在党和人民伟大斗争中孕育的革命文化和社会主义先进文化，积淀着中华民族最深层的精神追求，代表着中华民族独特的精神标识。我们要弘扬社会主义核心价值观，弘扬以爱国主义为核心的民族精神和以改革创新为核心的时代精神，不断增强全党全国各族人民的精神力量。[1]这大大拓展了中国特色社会主义自信的深度和广度，充分体现了我们党高度的文化自觉，进一步深化了对文化作用和文化发展规律的认识，进一步深化了对社会主义建设规律的认识，进一步坚定了道路自信、理论自信、制度自信。文化自信不仅是文化层面的自信，而且对社会发展方方面面产生辐射。必须长期坚定文化自信，将之转化为现实动力，牢牢把握社会主义先进文化前进方向，围绕举旗帜、聚民心、育新人、兴文化、展形象的使命任务，坚持为人民服务、为社会主义服务，坚持百花齐放、百家争鸣，坚持创造性转化、创新性发展，激发全民族文化创造活力，更好构筑中国精神、中国价值、中国力量。

"四个自信"既具有相对独立的含义，又具有有机的内在联系，

---

1　习近平：《在庆祝中国共产党成立95周年大会上的讲话》，人民出版社2016年版，第13页。

需要同时推进。其中，文化自信是基础。在文化自信的基础上不断提升道路自信、理论自信和制度自信，把"四个自信"的要求自觉落到实处，才能为强国建设、民族复兴提供正确的文化引导、道路指向、理论支撑和制度保障，真正全面坚持和发展中国特色社会主义。

# 第四章　文化自信的禀赋源泉来自何方？

文化自信不是盲目自信，不是无据迷信，不是无根无依。文化自信在一定程度上来源于不可磨灭的文化基因，来自文化体系上的天然优势。当今的文化自信，与中华文明传承至今的独特特性——连续性、创新性、统一性、包容性、和平性，与这种文化传统和现实的有效对接不无关系。

## 一、连续性

中华文明起源很早，传承悠久，绵延至今。中华文明具有突出的连续性。中华文明是世界上唯一绵延不断且以国家形态发展至今的伟大文明。这充分证明了中华文明具有自我发展、回应挑战、开创新局的文化主体性与旺盛生命力。深厚的家国情怀与深沉的历史意识，为中华民族打下了维护大一统的人心根基，成为中华民族历经千难万险而不断复兴的精神支撑。中华文明的连续性，从根本上决定了中华民族必然走自己的路。如果不从源远流长的历史连续性来认识中国，就不可能理解古代中国，也不可能理解现代中国，更不可能理解未来中国。[1]

人类历史上的古老文明较多，其中一些虽曾创造辉煌但已灰飞烟灭，只有中华文明生生不息、延续至今。今天的我们能够和先人使用同样的语言文字，有着同样的历史记忆，追求同样的价值观念，这是一种持久、自觉而强大的精神文化伟力，是难得的薪火相传。国家博物馆有藏品一百四十余万件，以持续的历史跨度、丰富的器物形制，充分展示了中华五千多年文明的发展历程和血脉相依。比如，国家博物馆馆藏中坝遗址地层文物，总高约八米五、宽两米，来自重庆忠县中坝遗址，几乎完整地展现了新石器时代晚期、夏商西周、春秋战国、秦汉、魏晋南北朝、隋唐、宋元明清不同时期的所有地层器物，让人们能够直观形象地看到中华文明绵延不断的血脉。再如，汉字是我们共同的语言符号，也是传承中华文明的文化载体。今天的汉字，虽然几经变化，但与甲骨文、金文等一脉相承。国家博物馆馆藏西周早期大盂鼎，系迄今所见最大的西周有铭青铜器。鼎内壁铸有十九行二百九十一字铭文，主要是盛赞文、武二王的功德，讲述周人的立国治国经验，记录殷商亡国的历史教训，其与史料上的记载十分一致。大盂鼎金文，摆脱了商代文字象形性和结构上的随意性，纵向笔画，排布整齐、字形均一，可谓上承甲骨文，下及秦篆、隶书，为后世的汉唐书迹排列奠定了基础。几千年来，汉字虽然经历了载体、书体、形意等的不断变化，但始终贯穿着象形、会意、形声等造字方法，也保持了一些基本词汇语意的原貌原意，对今天中国人的价值认同、思维方式、审美观念、交往方式等都产生了重要影响。

---

1　习近平：《在文化传承发展座谈会上的讲话》，《求是》2023年第17期。

中华文化自古即有高尚宽广的情怀追求，对处理人与自然、人与社会、人与人之间的关系具有长远的借鉴价值。春秋战国时期，中国已涌现出老子、孔子、庄子、孟子、墨子、孙子、韩非子等伟大的思想巨匠，他们提出的思想主张、价值观念对后世的政治理念、人生哲学、社会伦理、政治制度都产生了深远的历史影响，成为中华文化传统的有机构成。他们的部分学说，在战国时的《庄子·天下》《荀子·非十二子》中已见端倪，后见于司马谈《论六家要旨》，司马迁《史记》中的诸子列传，刘向、刘歆父子《别录》《七略》和班固《汉书·艺文志》，后又见于《七录》《隋书·经籍志》《旧唐书·经籍志》《新唐书·艺文志》《宋史·艺文志》《永乐大典》《明史·艺文志》《四库全书》等文献目录学著作和大型文献汇编之中，可谓代代相传、一以承之。虽然几经磨难，但中华文化的基本精神和基本文献得到了较好的保持和传承。

重视历史、研究历史、借鉴历史是中华民族五千多年文明史的一个优秀传统。中国史官制度源于商朝，周朝与各诸侯国已有"国史"撰述。孔子据鲁国国史作编年体史书《春秋》，在各方面产生极大影响。《春秋》之后的编年史，有荀悦《汉纪》、袁宏《后汉纪》、司马光《资治通鉴》、李焘《续资治通鉴长编》、毕沅《续资治通鉴》等。司马迁志在"继《春秋》"而著《史记》，以纪传体记上起黄帝、下至汉武帝约三千年史事，"通古今之变"，是为中国史学上第一部通史。东汉班固断代为史，将西汉历史著成《汉书》，开纪传体断代史之先河。此后，从《后汉书》到《清史稿》，历朝历代都有正史撰述，甚至有的朝代不止一部，这些断代史连同《史记》《汉书》，合称"二十六史"。除了以人物为中心的综合体史书，还有《通鉴纪事本末》系列的纪事本末体史书和《通典》《通志》《文献通考》等典章制度史系列。这些史书贯通古今，全方位地展现了中华文明发展连续性的特点，堪称世界史学的瑰宝。这些史书作为中华文明连续发展的记录，代代传承、世世研习，使得中华民族的集体记忆从未中断。

习近平总书记高度重视中华文明的传承与发展，强调中华文明具有突出的连续性，从根本上决定了中华民族必然走自己的路。我们党立足中国、面向世界、贯通古今，把马克思主义同中国具体实际、中华优秀传统文化结合起来，带领人民开创了传承历史、适合自己的中国特色社会主义道路。特别是进入新时代，我们党提出和实践了一系列新思想新战略，成功推进和拓展了中国式现代化，创造了人类文明新形态，实现了马克思主义中国化时代化的新飞跃，党和国家事业取得了历史性成就、发生了历史性变革。实践已经充分表明，中国共产党领导的中国特色社会主义是实现中华民族伟大复兴的唯一正确道路，是实现中国式现代化的必然选择，也是书写中华民族现代文明的必由之路。

## 二、创新性

缺乏创新性品格的文化是难以有成就、有持久生命力的，中华文明有着对创新的不懈追求。

中华文明具有突出的创新性。中华文明是革故鼎新、辉光日新的文明，静水深流与波澜壮阔交织。连续不是停滞、更不是僵化，而是以创新为支撑的历史进步过程。中华民族始终以"苟日新，日日新，又日新"的精神不断创造自己的物质文明、精神文明和政治文明，在很长的历史时期内作为最繁荣最强大的文明体屹立于世。中华文明的创新性，从根本上决定了中华民族守正不守旧、尊古不复古的进取精神，决定了中华民族不惧新挑战、勇于接受新事物的无畏品格。[1]

自强不息、革故鼎新、与时偕行是中华文明悠久的精神追求，开新图变、易中取势、知所趋赴是中华文明自古就有的鲜明特点。周公制礼作乐，众所周知，相传至今。《系辞传》从包牺氏作八卦、作结绳而为罔罟开始，历数了神农氏作耒耜、日中为市，黄帝尧舜垂衣裳而天下治、作舟楫、服牛乘马、重门击柝、杵臼之利，以及后世圣人作书契。《世本·作篇》记载了历代圣贤的制作，如燧人出火、蚩尤作兵、仓颉造书、祝融作市、舜始陶、鲧作城郭、禹作宫室、奚仲作车、杜康遣酒、武王作骘、夔作乐等。《周礼·考工记》载："知者创物，巧者述之，守之世，谓之工。百工之事，皆圣人之作也。"《周易》提到"富有之谓大业，日新之谓盛德，生生之谓易"等，《礼记·大学》提到"苟日新，日日新，又日新"等语。《论语》提倡："学而时习之，不亦说乎？"公元554年成书的《魏书》首现"创新"一词："革弊创新者，先皇之志也。"南宋思想家朱熹写道："问渠那得清如许？为有源头活水来。"我国文化史家柳诒徵认为："实则吾民族创造之文化，富于弹性，自古迄今，绵绵相属，虽间有盛衰之判，固未尝有中绝之时。"

从思想到器物、从价值到人文、从艺术到科技，中华民族的创新性

---

1　习近平：《在文化传承发展座谈会上的讲话》，《求是》2023年第17期。

为人类奉献了卓越的成果。中华民族以勤劳奋斗而著称，涌现了老子、孔子、庄子、孟子、墨子、孙子、韩非子等闻名于世的伟大思想巨匠，产生了儒、道、墨、名、法、阴阳、农、杂、兵等各家学说，创作了诗经、楚辞、汉赋、唐诗、宋词、元曲、明清小说等伟大的文艺作品，传承了格萨尔王、玛纳斯、江格尔等震撼人心的伟大史诗。周朝实行分封制。秦朝统一中国后采用郡县制，实行"书同文，车同轨""令黔首自实田"，建立了中央集权的统一多民族国家。隋唐开创实行科举制、元代确立行省制度、明代废除宰相制度、清代实施对少数民族因俗而治的政策等，都是中华文明在政治制度上的重大创新。秦汉时期，中国完成了诸如纸、指南车、记里鼓车、手摇纺车、织布机、水碓、龙骨水车、风扇车、独轮车、钻井机、浑天仪和候风地动仪等许多重大技术发明，形成了算学、天学、舆地学、农学和医学五大学科范式。南北朝时期，数学家祖冲之计算出圆周率在3.1415926至3.1415927之间，这一精度保持了近千年之久；农学家贾思勰的《齐民要术》具有里程碑意义，标志着中国农学体系的成熟。北宋时期，毕昇在雕版印刷全盛的时代发明了胶泥活字，开活字版印刷之先河；曾公亮等人编著的《武经总要》记载了火药配方和包括火箭在内的各种火器，以及用于航海的水罗盘"指南鱼"的制造方法；沈括在数学、物理、天文、地理和工程技术诸多领域都作出了创造性的贡献，作为全才型科学家享誉世界。晚明时期，李时珍在《本草纲目》中提出了接近现代的本草学自然分类法；宋应星在《天工开物》中简要而系统地记述了明代农业和手工业的技术成就，包括许多世界首创的技术发明。这些成就，是古代中国对世界的贡献，也充分证明创新是推动人类文明进步的根本动力，中华文明从来不缺乏创新性。

火药、指南针、印刷术——这是预告资产阶级社会到来的三大发明。火药把骑士阶层炸得粉碎，指南针打开了世界市场并建立了殖民地，而印刷术则变成了新教的工具，总的来说变成科学复兴的手段，变成对精神发展创造必要前提的最强大的杠杆。[1]

中华民族是具有伟大创新精神、伟大奋斗精神、伟大奉献精神的民族，推进中国式现代化、建设中华民族现代文明，必须大力继承和弘扬中华文明的创新性。百余年来，我们党继承和弘扬中华文明具有的突出的创新性，用马克思主义真理的力量激活了中华民族历经几千年创造的伟大文明，使中华文明再次迸发出强大力量。作为中华文化和中国精神的时代精华，习近平新时代中国特色社会主义思想的创立是文化主体性、文化创新的有力体现，充分表明中华民族的创新精神得到了新的当代弘扬。当代中国的伟大社会变革，不是简单延续我国历史文化的母版，不是简单套用马克思主义经典作家设想的模板，不是其他国家社会主义实践的再版，也不是国外现代化发展的翻版，而是一项前无古人的开创性事业，还有许多未知领域，需要我们在实践中大胆探索和创新。我们要传承和弘扬中华文明的创新性，把创新摆在国家发展全局的核心位置，让创新贯穿党和国家一切工作，让创新在全社会蔚然成风。深入理解和把握中华文明突出的创新性，在新征程上更有效地推动理论创新、实践创新、制度创新、文化创新及各方面创新。

---

1 《马克思恩格斯全集》第47卷，人民出版社1979年版，第427页。

# 三、统一性

中华文明是一个总体性概念，包含着统一的多民族文化的丰富元素。

中华文明具有突出的统一性。中华文明长期的大一统传统，形成了多元一体、团结集中的统一性。"向内凝聚"的统一性追求，是文明连续的前提，也是文明连续的结果。团结统一是福，分裂动荡是祸，是中国人用血的代价换来的宝贵经验教训。中华文明的统一性，从根本上决定了中华民族各民族文化融为一体、即使遭遇重大挫折也牢固凝聚，决定了国土不可分、国家不可乱、民族不可散、文明不可断的共同信念，决定了国家统一永远是中国核心利益的核心，决定了一个坚强统一的国家是各族人民的命运所系。[1]

正如英国著名历史学家汤因比所言："就中国人来说，几千年来，比世界任何民族都成功地把几亿民众，从政治文化上团结起来。他们显示出这种在政治、文化上统一的本领，具有无与伦比的成功经验。"[2]考古表明，八千多年前，农业在中国已有了初步发展，开始了中华文明的起源。正是中国农业生产方式的长期稳定性，保障了中华文明的持续性。六千多年前，社会明显分化，开始出现大型中心性聚落和规模较大的墓葬，中华文明加速发展。五千多年前，出现了大型都邑性城址和权

---

1　习近平：《在文化传承发展座谈会上的讲话》，《求是》2023年第17期。
2　汤因比、池田大作：《展望二十一世纪——汤因比与池田大作对话录》，荀春生译，国际文化出版公司1985年版，第360页。

贵阶层的大墓，社会分化显著，中华文明从此进入古国文明阶段。四千多年前，中原地区开始进入夏王朝时期，中华文明也从此进入以王朝为引领的文明一体化的王朝文明阶段。夏朝之后的商朝，逐渐建立起王朝内部的各种政治和礼仪制度。这在出土的青铜器具、甲骨文字及后世的文献典籍中可以清晰看到。周朝取代商朝之后，通过封邦建国的方式，将血缘纽带与地缘政治相结合，确立了周天子对各诸侯的"宗主"地位，实现了前所未有的对京畿地区之外广大区域的控制，"普天之下，莫非王土；率土之滨，莫非王臣"的大一统理念开始确立。《尚书·禹贡》描述了时人在地理知识有限的情况下认定的"天下"："东渐于海，西被于流沙，朔南暨声教，讫于四海。"秦并六国后，不但形成了一个地域更加辽阔的庞大国家，而且建立起一整套维护这个庞大国家的政治、经济、文化、法律等制度，这标志着中国大一统历史的开始，并由两汉继承和发展。公元3—6世纪的三国两晋南北朝时期，也是中国统一多民族国家，是中华文明发展的重要时期。正是因为这个时期的民族大融合，到隋唐时期形成融入匈奴、鲜卑、羯、氐、羌各民族的大一统。中华文明也在民族大融合中得到了新的发展，更加具有生命力和凝聚力，文化认同达到新的高度。在此后的历史发展进程中，中国统一多民族国家不断发展，中华文明也在大一统中得到持续发展。

在漫长的历史长河中，中国形成了统一的多民族、拥有十四亿多人口而又在政治上、精神上、文化上高度团结统一的国家。为促进统一多民族国家发展，各朝代都采取了各种有效举措。如，汉代设立了西域都护府统辖新疆；唐代创设了羁縻州府经略边疆；元朝完成了大漠塞外与中土农耕区连为一体的政治统一，民族实现融汇，并设宣政院管理西藏;清朝通过理藩院统辖、盟旗制等,不断强化统一多民族国家的根基,至清中后期,儒学的主导地位更加稳固,藏传佛教又成为沟通藏、蒙的另一文化纽带,文化融合更加深化。在漫长的历史发展中,中华文明的统一性不断得到加强与升华。可以看到,在秦朝开启了中国统一的多民族国家发展历程后,无论哪个民族入主中原,都力求统一天下,自觉以中华文化为正统。从赵武灵王胡服骑射到北魏孝文帝汉化改革,从"洛阳家家学胡乐"到"万里羌人尽汉歌",各民族在民族融合中形成了强大的文化认同,铸就了追求团结统一、共同奋进的民族精神——即便遭遇重大挫折也团结凝聚、奋勇向前,以国家统一为中国核心利益。近代以后,中国逐步成为半殖民地半封建社会,面对外敌入侵,各族人民发扬伟大团结精神,共同抵御奋战,书写了中华民族保家卫国、复兴文明的壮丽史诗。

在1938年召开的党的六届六中全会上,毛泽东同志将"团结各民族为一体"作为党的任务之一。1949年9月通过的《中国人民政治协商会议共同纲领》提出:"使中华人民共和国成为各民族友爱合作的大家庭。"1954年制定的宪法指出:"我国各民族已经团结成为一个自由平等的民族大家庭。"新版的《中华人民共和国宪法》序言规定:"中华人民共和国是全国各族人民共同缔造的统一的多民族国家。"其总纲第四条规定:"各少数民族聚居的地方实行区域自治,设立自治机关,行使自治权。各民族自治地方都是中华人民共和国不可分离的部分。"[1]这一基本政治制度保证了国家统一、领土完整,各民族大团结,促进并带动了各民族地区跨越式发展。今天,在中国共产党的坚强领导下,我们

---

1 《中华人民共和国宪法》,人民出版社2018年版,第6、9页。

铸牢中华民族共同体意识，全国各族人民同心同德、同心同向，通过长期不懈奋斗取得了举世瞩目的改革发展成就，中华民族迎来了历史上最好的发展时期，中华民族伟大复兴进入了不可逆转的历史进程。新时代新征程，我们要更加深刻认识和保持中华文明突出的统一性，坚决反分裂，始终确保国家统一、民族团结、社会稳定、人民幸福。"加强中华民族大团结，长远和根本的是增强文化认同，建设各民族共有精神家园，积极培养中华民族共同体意识。"[1]

## 四、包容性

中华文明之所以能够形成并传承至今，与其强大的包容性不无关系。

中华文明具有突出的包容性。中华文明从来不用单一文化代替多元文化，而是由多元文化汇聚成共同文化，化解冲突，凝聚共识。中华文化认同超越地域乡土、血缘世系、宗教信仰等，把内部差异极大的广土巨族整合成多元一体的中华民族。越包容，就越是得到认同和维护，就越会绵延不断。中华文明的包容性，从根本上决定了中华民族交往交流交融的历史取向，决定了中国各宗教信仰多元并存的和谐格局，决定了中华文化对世界文明兼收并蓄的开放胸怀。[2]

《尚书·尧典》记载了帝尧时代"协和万邦"的情形。这种"协和"

---

1 习近平：《论党的宣传思想工作》，中央文献出版社2020年版，第85页。
2 习近平：《在文化传承发展座谈会上的讲话》，《求是》2023年第17期。

很大程度上是通过文化影响而非武力征服实现。《左传·哀公七年》对大禹时代"涂山之会"的记载中说"执玉帛者万国"，表明当时许多文明对中原文明表现出景仰。到了殷周时代，中华文明已经发展出较为完备的文字体系和成熟的礼乐文化。先秦时代百家争鸣，后世许多的核心思想在那个时代萌发，中国成为古代轴心文明发祥地之一。秦汉以后，中国逐步建立起长期稳定的大一统国家，发展出在古代社会较为先进的意识形态、政治制度和相对完备顺畅的治理体系。高度发达的文化、统一稳定的国家、治理有效的制度、勤劳坚毅的民众，加上得天独厚的农业生产条件、自然环境和历代"以农为本"的基本国策，让中华文明在人口数量、经济实力、政治发展和思想文化上长期领先于世界，不仅对周边少数民族保持着巨大的吸引力，对亚洲和世界文明进步也作出了巨大贡献，产生了深远影响。

习近平总书记指出："只有充满自信的文明，才会在保持自己特色的同时包容、借鉴、吸收各种不同文明。"[1]《中庸》提出："中也者，天下之本也；和也者，天下之达道也。致中和，天地位焉，万物育焉。"在中华民族大家庭里，各民族在长期历史演进中不断交往交流交融，在文化上相互学习借鉴，逐步形成休戚与共、荣辱与共、生死与共、命运与共的共同体，这种赤诚与共的相互包容共同创造了悠久灿烂的中华文明。中华文明长期高度发达并具有文化自信，不仅能消解外来文化的冲击、入侵，更发展出强大的自我学习能力和适应能力，通过吸纳多地区、多民族的不同文化，融会贯通、浑然一体，促使民族文化不断新陈代谢、创新发展。

---

1　习近平：《在敦煌研究院座谈时的讲话》，《求是》2020年第3期。

　　中华文化始终以兼收并蓄的开放胸怀与其他文化交流交融，不仅造就了丰富多彩的中华文明，而且为人类文明贡献了中华文化宝藏。西周末年，史伯就提出"和实生物"，认为"以他平他谓之和"。二千一百多年前，汉代使者张骞自长安出发，出使西域，开始打通东方通往西方的道路，此后一条横贯东西、联结欧亚的古丝绸之路逐渐开辟出来。这条路成为经贸往来之路，也成为不同文明交流互鉴之路。唐代僧人玄奘西行求法，往返十七年，带回佛教经典六百多部，并积极进行翻译传播。佛教在中国长期演化，儒、释、道三教合流，给中国人的宗教信仰、哲学观念、文学艺术、礼仪习俗等留下深刻影响。明代，徐光启与来到中国的西方学者利玛窦共同翻译《几何原本》，被认为是西方科学传入中国的象征之一。明清时期，一批精通儒、释、道的伊斯兰学者，将伊斯兰文化与儒家文化结合，对促进伊斯兰教中国化产生了深远影响。英国哲学家和思想家波特兰·罗素在1922年出版的《中国问题》一书中提到："不同文明的接触，以往常常成为人类进步的里程碑。希腊学习埃及，罗马学习希腊，阿拉伯学习罗马，中世纪的欧洲学习阿拉伯，文艺复兴时期的欧洲学习东罗马帝国。学生胜于老师的先例有不少。"[1]

　　回顾历史，只有中华民族这样的具有开放包容胸怀的民族，才会容纳世界不同文明在此交融交汇。今天，我们要铸就中华文化新辉煌，就要以更加博大的胸怀，更加广泛地开展同各国的文化交流，更加积极主动地学习借鉴世界一切优秀文明成果。[2]

　　中华文明的包容性必将在更广泛的空间促使世界文明的共同发展。

1　〔英〕罗素：《中国问题》，秦悦译，学林出版社1996年版，第146页。
2　习近平：《在敦煌研究院座谈时的讲话》，《求是》2020年第3期。

2001年11月2日，联合国教科文组织在巴黎举行的第三十一届会议上通过了《世界文化多样性宣言》。该宣言分五部分共十二条，确认文化多样性是人类的一项基本特性，为各国保护自己的文明或文化提供了保障。2003年10月17日，联合国教科文组织在第三十二届会议上通过了《保护非物质文化遗产公约》，对世界各国非物质文化遗产提出了明确的保护原则和条例。2005年10月20日，联合国教科文组织第三十三届会议通过《保护和促进文化表现形式多样性公约》，指出文化多样性创造了一个多姿多彩的世界，鼓励不同文化间的对话，促进不同文化间的相互尊重与和平共处。2014年6月28日，习近平主席在和平共处五项原则发表六十周年纪念大会上的讲话指出："'万物并育而不相害，道并行而不相悖。'我们要尊重文明多样性，推动不同文明交流对话、和平共处、和谐共生，不能唯我独尊、贬低其他文明和民族。"[1]2018年6月10日，习近平主席在上海合作组织青岛峰会上发表讲话指出："尽管文明冲突、文明优越等论调不时沉渣泛起，但文明多样性是人类进步的不竭动力，不同文明交流互鉴是各国人民共同愿望。"[2]

## 五、和平性

　　总结中华文明发展史，珍惜和维护和平是宝贵的经验。中华文明具

---

1　习近平:《弘扬和平共处五项原则　建设合作共赢美好世界——在和平共处五项原则发表60周年纪念大会上的讲话》,《人民日报》2014年6月29日。
2　习近平:《弘扬"上海精神"　构建命运共同体——在上海合作组织成员国元首理事会第十八次会议上的讲话》,《人民日报》2018年6月11日。

有突出的和平性。和平、和睦、和谐是中华文明五千多年来一直传承的理念，主张以道德秩序构造一个群己合一的世界，在人己关系中以他人为重。倡导交通成和，反对隔绝闭塞；倡导共生并进，反对强人从己；倡导保合太和，反对丛林法则。中华文明的和平性，从根本上决定了中国始终是世界和平的建设者、全球发展的贡献者、国际秩序的维护者，决定了中国不断追求文明交流互鉴而不搞文化霸权，决定了中国不会把自己的价值观念与政治体制强加于人，决定了中国坚持合作、不搞对抗，决不搞"党同伐异"的小圈子。[1]

中华文明突出的和平性，在一定意义上是由中华民族长期传承的独特农耕文化决定的。古代不同区域的人们由于所处地理和社会环境不同，逐渐形成与之相适应的不同生活方式和文化方式。钱穆先生总结了游牧文化、农耕文化与商业文化三种文化类型："农业生活所依赖，曰气候，曰雨泽，曰土壤，此三者，皆非由人类自力安排，而若冥冥中已有为之布置妥帖而惟待人类之信任与忍耐以为顺应，乃无所用其战胜与克服。故农耕文化之最内感曰'天人相应''物我一体'，曰'顺'曰'和'。其自勉则曰'安分'而'守己'。故此种文化之特性常见为'和平的'。"[2]爱好和平、追求和平、以和待人，就成为中华文明自然而然的思维方式与文化气质。

中华传统文化中有很多强调和平、以和为贵的思想。比如，儒家主张仁者爱人、以和为贵、民胞物与，道家推崇道法自然、无为无争、万物一体，墨家强调兼爱相利、非攻尚同、尚贤非乐，兵家提倡上兵

---

1  习近平：《在文化传承发展座谈会上的讲话》，《求是》2023年第17期。
2  钱穆：《中国文化史导论·弁言》，商务印书馆1996年版，第2页。

伐谋、非危不战、兵贵其和等。古代中国人很早就提出并倡导"和而不同""止戈为武""化干戈为玉帛""国泰民安""天下太平""兼爱非攻""强不执弱，富不侮贫""四海之内皆兄弟也""海内存知己，天涯若比邻""远亲不如近邻""亲望亲好，邻望邻好""睦邻友邦""国虽大，好战必亡"等和平思想。《孙子兵法》作为一部举世闻名的兵书，其核心思想是"百战百胜，非善之善者也；不战而屈人之兵，善之善者也"，其要义是"慎战""不战""止战"。中国传统政治文化的一个重要理念是柔远安疆，以和平为上求得国治民生。"和实生物，同则不继""君子和而不同，小人同而不和""和羹之美，在于合异""万物并育而不相害，道并行而不相悖"，这些是中国人长期信奉尊行的理念。正是基于对和平的坚定信念，无论是张骞出使西域，还是郑和几下西洋，中国人走向世界，带给世界的始终是和平与交流，是互利与合作，而非战争与殖民。正如孙中山所说："盖吾中华民族和平守法，根于天性，非出于自卫之不得已，决不肯轻启战争。"中华文明中没有侵略的基因，也从未有过侵略欺凌他国的历史。中国故宫中宫殿的名称也是太和、中和、保和等。中华文明追求和平的明显特性在不同历史时期都得到其他人类文明的承认与赞扬。例如，公元5世纪，亚美尼亚历史学家摩西在其《亚美尼亚史记》中认为，中国人"民性温和，不但可称为和平之友，还可称为生命之友"。16世纪，西方传教士利玛窦在其《十六世纪的中国》一书中感佩地指出："在这个几乎有无数人员的无限幅员的国家，而各种物产又极为丰富，虽然他们有装备精良的陆军和海军，很容易征服邻近的国家，他们的皇上和人民却从未想过发动侵略战争。他们很满足于自己已有的东西，没有征服的野心。"英国哲学家罗素认为："如果世界上有'骄傲到不肯打仗'的民族，那么这个民族就是中国。中国人天生的态度就是宽容和友好。"与之相反，当今西方的一些人仍然习惯性地信奉用伯罗奔尼撒战争模式解决问题。伯罗奔尼撒战争是以雅典为首的提洛同盟和以斯巴达为首的伯罗奔尼撒联盟之间的一场战争。第二次伯罗奔尼撒战争从公元前431年一直持续到公元前404年，最终斯巴达获得胜利，结束了雅典的古典时代，也结束了希腊的民主时代。战争给繁荣的古希腊带来了前所未有的破坏，自此由盛转衰。在战争思维支配下，为了"秀肌肉"而不计后果，世界各地都曾发生持续时间极长、范围极广的战争，资本主义最终发动两次世界大战，给人类带来前所未有的灾难。"二战"以后，各种局部冲突和战争依然此起彼伏。

当今世界，地区热点不断，各种文明和制度长期共存，仍有不少不稳定因素和突发性因素，霸权主义还有市场，实现和平仍需共同努力，人类需要从历史的经验教训中继续学习。习近平总书记指出，中国共产党将致力于维护国际公平正义，促进世界和平稳定。中国式现代化不走殖民掠夺的老路，不走国强必霸的歪路，走的是和平发展的人间正道。中国致力于和平发展，倡导世界和平稳定，是基于自己的基本国情和文化传统、基于当今时代主题、基于全人类根本利益和长远利益作出的正确抉择。在国际社会中，中国一向倡导以对话弥合分歧、以合作化解争端，坚决反对一切形式的霸权主义和强权政治，主张以团结精神和共赢思维应对复杂交织的安全挑战，营造公道正义、共建共享的新安全格局。推进中国式现代化是世界和平力量的增长，是国际正义力量的壮大。

# 第五章　文化自信的有效途径如何选择？

以古人之规矩，开自己之生面。文化不能无根无依，不能脱离家园、失却传统。增强文化自信，需要不断坚定对自身文化传统的信心，坚守文化家园，充分发扬民族文化中固有的优秀元素和内容，促使传统文化在现实实践中有效发挥作用，真正做到古为今用、今以古鉴。

## 一、坚定文化自信离不开对中华民族历史的认知和运用

历史是过去客观事实的总和，是文化的重要载体。

坚定文化自信，离不开对中华民族历史的认知和运用。历史是一面镜子，从历史中，我们能够更好看清世界、参透生活、认识自己；历史也是一位智者，同历史对话，我们能够更好认识过去、把握当下、面向未来。[1]

---

1 《习近平著作选读》第1卷，人民出版社2023年版，第538页。

历史中包含着丰富的智慧，忘记历史、虚无历史等于背叛。习近平总书记指出，治理国家和社会，今天遇到的很多事情都可以在历史上找到影子，历史上发生过的很多事情也都可以作为今天的镜鉴。中国的今天是从中国的昨天和前天发展而来的。要治理好今天的中国，需要对我国历史和传统文化有深入了解，也需要对我国古代治国理政的探索和智慧进行积极总结。中华民族历史源远流长，留下了很多治国理政的优良传统。一是重民本。"人无于水监，当于民监""民之所欲，天必从之"……西周春秋之后，重民本不仅成为一种政治理念被倡导与践行，也成为我国传统历史自觉精神的重要内容。二是重政德。"德惟善政，政在养民""为政以德，譬如北辰""德，国之基也"，以"仁政"为主要内容的政德思想与实践具有重大历史意义，重政德的历史自觉成为我国传统政治文明的重要理念。三是提倡选贤任能。"为政以德。""夫尚贤者，政之本也。"我国历史上人才选拔分别以春秋战国和隋唐为界限，经历了从世卿制向官僚制的转化，从荐举制、军功制、察举制、九品中正制向科举制的转化，而推动这两个转化的根本因素，是各时期政治家和思想家总结历史经验、顺应时代发展要求的历史自觉。四是坚持"大一统"。源自先秦的"天下""四海""九州"等观念，历经春秋战国时期的政治实践，形成了"定于一""天下为一"的历史自觉。至秦始皇，创立了"事在四方，要在中央"的中央集权郡县制国家制度与治理体系。五是以和为贵、胸怀天下。注重和平包容，怀柔四方，天下为公。此外，我国历史上还有反腐倡廉与严格吏治、平均土地与调节贫富、赈赡穷乏与疏通民情及德主刑辅、天人合一等历史传统。这些观念虽然是历史上的产物，但至今依然大有作用。

2021年3月，习近平总书记在福建武夷山市朱熹园考察时强调，我们要特别重视挖掘中华五千年文明中的精华，把弘扬优秀传统文化同马克思主义立场观点方法结合起来，坚定不移走中国特色社会主义道路。在中华文明发展过程中，涌现了老子、孔子、庄子、孟子、朱熹等一大批思想大家，留下了浩如烟海的历史文化遗产。《礼记·大学》讲："古之欲明明德于天下者，先治其国；欲治其国者，先齐其家；欲齐其家者，先修其身；欲修其身者，先正其心。"可见传统文化的作用渗透到方方面面。中国哲学是世界上三大古典哲学之一（另外两支是希腊哲学和印度哲学），由于汉字的独特性，中国保存着世界上自古至今最古老的书写哲学史的传统。如《庄子·天下》《荀子·非十二子》是对春秋战国时期哲学思想的评判，司马谈《论六家要旨》是对先秦六家哲学流派核心思想的总结。明清两朝刊行的《宋元学案》《明儒学案》《国朝学案小识》即"四朝学案"，可说是近代之前的中国哲学史。中国哲学研究的主要内容涉及天人关系、心物关系、知行关系、体用关系及理气关系、本末关系、道器关系等，主要范畴包括仁、义、礼、智、信、诚、勇等，这些都是关系人类大本大源的根本问题，及至今天也不能不重视。

增强历史思维，就要以马克思主义为指导，高度重视中华优秀传统文化。要按照习近平总书记的要求，认认真真学习传统文化，讲清楚每个国家和民族的历史传统、文化积淀、基本国情不同，其发展道路必然有着自己的特色；讲清楚中华文化积淀着中华民族最深沉的精神追求，是中华民族生生不息、发展壮大的丰厚滋养；讲清楚中华优秀传统文化是中华民族的突出优势，是我们最深厚的文化软实力；讲清楚中国特色社会主义植根于中华文化沃土、反映中国人民意愿、适应中国和时代发展进步要求，有着深厚历史渊源和广泛现实基础。

习近平总书记强调，我们辽阔的疆域是各民族共同开拓的，我们悠久的历史是各民族共同书写的，我们灿烂的文化是各民族共同创造的，我们伟大的精神是各民族共同培育的。这四个"共同"，是我们党以马克思主义民族观和历史观为指导，坚持用发展的眼光，在历史演进的动态过程中，认识中华民族的形成与发展，从各民族交往交流交融的史实中总结中国历史发展经验、提炼把握历史发展规律而得出的客观结论。中华民族是历史形成的，是中国历史发展的结果，其根本原因在于中国历史上一次又一次的民族融合，民族融合不但是中国历史的主流，也是中华民族形成与凝聚的根本，更是中华文明得以绵延不绝、生生不息，始终保持生机与活力的关键所在。今天在铸牢中华民族共同体意识的引领下，我们应不断加强各民族间交往交流交融，正确处理"多元"与"一体"的辩证统一关系，正确把握差异性与共同性的关系，在尊重和包容差异性的同时增加共同性，引导各民族人民在共同实现现代化的征程中，不断推进中华民族共同体建设，始终保持民族大团结。习近平总书记强调，只有铸牢中华民族共同体意识，构建起维护国家统一和民族团结的坚固思想长城，各民族共同维护好国家安全和社会稳定，才能有效抵御各种极端、分裂思想的渗透颠覆；要引导各族群众树立正确的国家观、历史观、民族观、文化观、宗教观；必须坚持正确的中华民族历史观。

党史是中国历史的重要组成部分。习近平总书记指出，全党要"以史为镜、以史明志，了解党团结带领人民为中华民族作出的伟大贡献和根本成就,认清当代中国所处的历史方位,增强历史自觉,把苦难辉煌的过去、日新月异的现在、光明宏大的未来贯通起来,在乱云飞渡中把牢正确方向,在风险挑战面前砥砺胆识,激发为实现中华民族伟大复兴而奋斗的信心和动力,风雨无阻,坚毅前行,开创属于我们这一代人的历史伟业"[1]。出乎史,入乎道;欲知大道,必先为史。习近平总书记强调:"深入了解中华文明五千多年发展史,推动把中国文明历史研究引向深入,推动全党全社会增强历史自觉、坚定文化自信,坚定不移走中国特色社会主义道路,为全面建设社会主义现代化国家、实现中华民族伟大复兴而团结奋斗。"[2]要引导人们知史爱党、知史爱国,在学习和把握历史中坚定历史自信。马克思主义唯物史观是马克思主义哲学之核心所在,列宁把它称之为"科学思想中的最大成果"。马克思主义唯物史观用其严谨完整的科学理论取代了以往历史研究在历史观方面的混乱性,是"我们共产党人认识把握历史的根本方法"。习近平总书记指出:"只有把马克思主义基本原理同中国具体实际相结合、同中华优秀传统文化相结合,坚持运用辩证唯物主义和历史唯物主义,才能正确回答时代和实践提出的重大问题,才能始终保持马克思主义的蓬勃生机和旺盛活力。"[3]为此,要善于把握历史大势,树立历史眼光,透过历史现象看本质,认清历史主流,保持战略定力;善于把握历史规律,坚持科学全面认识社会基本矛盾运动,承认人民群众的历史动力作用,弄清历史是非;善于运用历史机遇,从历史中对照现实和未来,继承历史经验,规避历史教训,在科学理论指导下不断前进。

---

1  习近平:《在党史学习教育动员大会上的讲话》,《求是》2021年第7期。
2  习近平:《把中国文明历史研究引向深入  增强历史自觉坚定文化自信》,《求是》2022年第14期。
3  《习近平著作选读》第1卷,人民出版社2023年版,第14页。

## 二、牢固树立大历史观

如何看待历史，善于运用历史的经验教训，关系到发展理念、发展道路、发展战略的科学选择和有效实施。

要教育引导全党胸怀中华民族伟大复兴战略全局和世界百年未有之大变局，树立大历史观，从历史长河、时代大潮、全球风云中分析演变机理、探究历史规律，提出因应的战略策略，增强工作的系统性、预见性、创造性。[1]

《关于〈中共中央关于党的百年奋斗重大成就和历史经验的决议〉的说明》强调："要坚持正确党史观、树立大历史观，准确把握党的历史发展的主题主线、主流本质，正确对待党在前进道路上的失误和曲折，从历史中吸取经验，从失误中吸取教训，不断开辟走向胜利的道路。"

大历史观，作为科学的方法论，源于马克思主义。欧洲资产阶级兴起后，资产阶级思想家们总是秉持着小历史观，把历史动因归结为个人（尤其是英雄人物）的思想观念、自私行为或者偶然事件的突然发生。这种小历史观"不善于往下探究像生产关系这样简单和这样原始的关系"，容易陷入狭隘的历史视野，自然就无法发现资本主义的内在矛盾和未来社会的发展大趋势。马克思主义的历史观是唯物史观、大历史观，是以辩证唯物主义和历史唯物主义为指南对历史现象、历史经验、

---

1 《习近平著作选读》第2卷，人民出版社2023年版，第420页。

历史规律的全面客观把握，是对人类社会历史发展趋势的科学揭示。运用大历史观，马克思揭示了现代资本主义社会的运动规律，说明了生产力与生产关系、经济基础与上层建筑的矛盾运动，发现了资本主义剩余价值规律，认为必须依靠无产阶级社会革命推翻资产阶级统治、消灭资本主义剥削制度，才能实现"每个人的自由发展"，最终建立共产主义社会。

树立大历史观，就要牢牢把握历史发展的大趋势、大方位，坚定对中国特色社会主义的信念。只有回看走过的路、比较别人的路、远眺前行的路，弄清楚我们从哪儿来、往哪儿去，很多问题才能看得深、把得准。中国特色社会主义是在改革开放四十多年的伟大实践中得来的，是在中华人民共和国成立七十多年的持续探索中得来的，是在我们党领导人民进行伟大社会革命一百多年的实践中得来的，是在近代以来中华民族由衰到盛近二百年的历史进程中得来的，是在对中华文明五千多年的传承发展中得来的。不管现实的情况如何变化，对当今时代的主要矛盾和战略走向一定要保持清醒，洞察中国特色社会主义面临历史条件的变化，对"两个必然"和"两个决不会"加以全面深刻的理解，对社会主义与资本主义的长期共存保持历史定力。立足于历史环境的内在要求，善于抓住历史机遇、克服历史风险，在实践中不断推进改革发展。

习近平总书记看待历史的大视野在党的十九届六中全会审议通过的决议中得到了坚持和贯彻，决议从五个方面总结了党的百年奋斗的历史意义，指出党的百年奋斗从根本上改变了中国人民的前途命运，开辟了实现中华民族伟大复兴的正确道路，展示了马克思主义的强大生命力，深刻影响了世界历史进程，锻造了走在时代前列的中国共产党。这五大历史意义就是从中华民族发展史、马克思主义和科学社会主义发展史、人类社会发展史和人类文明史中看党的历史。站在这样的历史视野，才能全面深入理解中国共产党的初心和使命，理解党推进新的自我革命和社会革命的必然性，不断增强为党和人民不懈奋斗的历史自觉。

用大历史观看待历史，必须坚持总结历史经验，从中得出规律性认识，进而指导实践。党的十九届六中全会的历史决议总结了"十个坚持"的历史经验：坚持党的领导、坚持人民至上、坚持理论创新、坚持独立自主、坚持中国道路、坚持胸怀天下、坚持开拓创新、坚持敢于斗争、坚持统一战线、坚持自我革命。这些历史经验都是对贯穿百年党史的历史规律的概括和表述，是中国共产党以往取得成功的秘诀所在，也是未来继续取得成功的根本要求，体现了党对百年奋斗历史规律的深刻把握。习近平总书记在对决议作说明时特别指出：这十条历史经验是系统完整、相互贯通的有机整体，揭示了党和人民事业不断成功的根本保证，揭示了党始终立于不败之地的力量源泉，揭示了党始终掌握历史主动的根本原因，揭示了党永葆先进性和纯洁性、始终走在时代前列的根本途径。

树立大历史观对于用马克思主义世界观方法论解决现实问题有着重要意义。

要牢固树立大历史观，以更宽广的视野、更长远的眼光把握世界历史的发展脉络和正确走向，认清我国社会发展、人类社会发展的大逻辑大趋势，把握中国式现代化的历史沿革和实践要求，在新一轮科技革命、全球经济发展大格局和我国发展的阶段性特征中深化对推动高质量发展、构建新发展格局的规律性认识，在世界马克思主义政党命运比较和我们党长期执政面临的现实考验中深化对党的自我革命战略思想的规律性认识，全面系统地提出解决现实问题的科学理念、有效对策，让当代中国马克思主义、21世纪马克思主义展现出更为强大、更有说服力的真理力量。[1]

## 三、中国特色哲学社会科学成长发展的深厚基础

哲学社会科学的发展，体现了文化发展的水平。习近平总书记指出，哲学社会科学是人们认识世界、改造世界的重要工具，是推动历史发展和社会进步的重要力量，其发展水平反映了一个民族的思维能力、精神品格、文明素质，体现了一个国家的综合国力和国际竞争力。当代中国正经历着历史上最为广泛而深刻的社会变革，也正在进行着人类历史上最为宏大而独特的实践创新。这是一个需要理论而且一定能够产生理论的时代，是一个需要思想而且一定能够产生思想的时代。新形势下，我国哲学社会科学地位更加重要、任务更加繁重。

习近平总书记强调，坚持以马克思主义为指导，是当代中国哲学社会科学区别于其他哲学社会科学的根本标志，必须旗帜鲜明加以坚持。我国哲学社会科学坚持以马克思主义为指导，是近代以来我国发展历程

---

1　习近平：《开辟马克思主义中国化时代化新境界》，《求是》2023年第20期。

赋予的规定性和必然性。坚持以马克思主义为指导，研究、阐释、宣传好习近平新时代中国特色社会主义思想这一当代中国最鲜活的马克思主义，坚定不移用党的创新理论武装头脑、指导实践、推动工作，哲学社会科学才不会失去灵魂、迷失方向，才能真正发挥应有作用。

哲学社会科学是意识形态的重要内容。我国哲学社会科学为谁著书、为谁立说，是为少数人服务还是为绝大多数人服务，是必须搞清楚的问题。只有坚持为最广大人民群众服务的政治方向，尊重人民主体地位，聚焦人民实践创造，促进社会发展和人民幸福，哲学社会科学研究才具有社会意义。只有坚持以人民为中心，把握群众思想脉搏，着眼群众需要解疑释惑、阐明道理，把学问写进群众心坎里，哲学社会科学工作者才能不负使命。2022年4月，习近平总书记在中国人民大学考察时强调，哲学社会科学工作者要做到方向明、主义真、学问高、德行正，自觉以回答中国之问、世界之问、人民之问、时代之问为学术己任，以彰显中国之路、中国之治、中国之理为思想追求，在研究解决事关党和国家全局性、根本性、关键性的重大问题上拿出真本事、取得好成果。

中华传统文化历经先秦诸子百家争鸣、两汉经学兴盛、魏晋南北朝玄学流行、隋唐儒释道并立、宋明理学发展等历史时期，创造了数不胜数的文化典籍，形成了丰富的思想理念、传统美德和人文精神。中国古代大量鸿篇巨制中包含着丰富的哲学社会科学内容、治国理政智慧，为古人认识世界、改造世界提供了重要依据，也为中华文明提供了重要内容，为人类文明作出了重大贡献。它们浸润着中华民族的血脉和灵魂，展现出无比强大的生命力和凝聚力。构建中国特色哲学社会科学，需要我们敏锐把握和积极回应时代要求，进一步加强对中华优秀传统文化的挖掘和阐发，使中华民族的文化基因与当代文化相适应、与现代社会相协调，把跨越时空、超越国界、富有永恒魅力、具有当代价值的文化精神弘扬起来。同时，推动中华优秀传统文化创造性转化和创新性发展，不断激活其生命力，使其真正深入当代中国人的现实生活，为人们的工作和生活提供精神指引。

中国特色哲学社会科学之"中国特色"，根本体现在坚持党对哲学社会科学的全面领导上。习近平总书记指出："中国最大的国情就是中国共产党的领导。什么是中国特色？这就是中国特色。"[1]中国特色社会主义最本质的特征是中国共产党领导。中国共产党是中国特色社会主义事业的领导核心，处在总揽全局、协调各方的地位。哲学社会科学事业是中国特色社会主义事业的重要组成部分，中国共产党的领导是繁荣发展我国哲学社会科学事业的根本保证。党为哲学社会科学发展指引正确方向，统筹各方面力量协同推进哲学社会科学发展，动员和激励广大哲学社会科学工作者立时代之潮头、通古今之变化、发思想之先声。

构建中国特色哲学社会科学，关键在于努力推进"两个结合"。马克思主义是中国哲学社会科学的鲜明底色，始终坚持和发展马克思主义是中国特色哲学社会科学的重要主题。当代中国哲学社会科学是以马克思主义进入我国为起点的，是在马克思主义指导下逐步发展起来的，必须坚持马克思主义在我国哲学社会科学领域的指导地位。中国特色哲学社会科学的灵魂是当代中国马克思主义、21世纪马克思主义。必须坚持习近平新时代中国特色社会主义思想在我国哲学社会科学领域的指导地位，自觉把习近平新时代中国特色社会主义思想贯穿到宣传研究阐释

---

1　习近平：《中国共产党领导是中国特色社会主义最本质的特征》，《求是》2020年第14期。

全过程，转化为清醒的理论自觉、坚定的政治信念、科学的思维方法。"两个结合"是构建中国特色哲学社会科学的根本途径。这从根本上决定了继续繁荣发展中国特色哲学社会科学必须坚持"两个结合"，走自己的路，坚持好运用好"六个必须坚持"的立场观点方法，推动马克思主义中国化时代化，构建具有中国特色的哲学社会科学学科体系、学术体系和话语体系。

构建中国特色哲学社会科学，归根结底是要建构中国自主的知识体系，这是彰显"中国特色"的目标指向。知识体系是对某种特定专业知识总和的概括性表达，通常由学科、学术和话语三大基本系统组成。建构中国自主的知识体系，就是在哲学社会科学领域，以"中国"作为理论场域，以"中国人"作为思考主体，将新时代伟大实践进行学术化提炼、学理化阐释、学科化把握，进而使之成为具有中国文化主体性的规律性认识和历史性经验的科学总结。要以中国为观照、以时代为观照，立足中国实际，解决中国问题，不断推动中华优秀传统文化创造性转化、创新性发展，不断推进知识创新、理论创新、方法创新，使中国特色哲学社会科学真正屹立于世界学术之林。

构建中国特色哲学社会科学，必须体现继承性、民族性，原创性、时代性，系统性、专业性。习近平总书记提出，中国特色哲学社会科学的特点要从"继承性、民族性""原创性、时代性""系统性、专业性"三个主要方面来把握。这一精辟论述，要求我们既要正确处理继承与创新、民族性与世界性的关系，又要彰显文化自信，体现中国立场、中国智慧、中国价值；既要提出具有主体性、原创性的观点，又要聆听时代声音、回应时代呼唤、丰富时代内涵；既要注重构建全方位、全领域、

全要素的哲学社会科学体系，又要加强学科体系、学术体系、话语体系
建设，形成学科特色和专业优势。

## 四、敢于和善于推陈出新

党的二十大报告把坚持守正创新作为习近平新时代中国特色社会主
义思想的世界观和方法论之一。这也是文化发展的重要原则。挖掘和丰
富民族文化时代涵义，对之进行创新能力转换、创新能力发展是民族文
化得以弘扬的重要手段。现代化发展给民族文化增添了挑战与机遇。不
管是迎接挑战，还是把握机会，都需要民族文化实现内在的、主动的、
积极的创新。要想复兴民族文化，使其得到真正的继承与发展，在实践
中充分发挥其作用，提升文化自信，就必须以创新精神对民族文化实现
现代性重新塑造。

党的二十届三中全会通过的《中共中央关于进一步全面深化改
革　推进中国式现代化的决定》强调："中国式现代化是物质文明和精
神文明相协调的现代化。必须增强文化自信，发展社会主义先进文化，
弘扬革命文化，传承中华优秀传统文化，加快适应信息技术迅猛发展新
形势，培育形成规模宏大的优秀文化人才队伍，激发全民族文化创新创
造活力。"全会提出了深化文化体制机制改革的一系列任务，要求推动
理想信念教育常态化制度化，改进创新文明培育、文明实践、文明创建
工作机制；优化文化服务和文化产品供给机制，建立优质文化资源直达

基层机制；健全网络综合治理体系；推进国际传播格局重构，构建更有效力的国际传播体系。这为新征程文化体制改革，推进文化创新明确了思路。

当前文化建设的重要任务，就是全面落实党的二十大和二十届三中全会关于文化建设方面的一系列新部署，加大力度切实弘扬中华优秀传统文化。

中华文化有着强大的创造力，能够从现实中吐故纳新。泱泱中华，从古至今，中华文化既坚守本根又不断与时俱进，以海纳百川的宽广胸怀，融汇各民族优秀文化，并不断革新发展，使中华文化博大精深、历久弥新，成为文化创新的宝藏。每到重大历史关头，文化都能感国运之变化、立时代之潮头、发时代之先声，以新实践产生新成效。新征程上，我们赓续中华文脉、传承文化基因，必须坚持创造性转化、创新性发展，保护好、开发好、利用好中华文化宝库中独具特色的符号和形象，以时代精神激活中华优秀传统文化的吸引力、感召力和生命力，使中华文化以新面貌为改革发展助力。

中华文明的特质和形态，通过不同的符号和形象展示出来，代表了中华民族独特的精神追求、社会习俗、思维模式等，让人们可知可感。新时代新征程，推进中华优秀传统文化创造性转化和创新性发展，需要我们对中华文化符号和形象作深入系统的挖掘、梳理、研究、阐释，进一步提炼中华文明的文化精髓，展示中华民族独特的精神标识，汇聚起中华儿女对中华文化强大的思想认同、情感认同。

以中国式现代化全面推进中华民族伟大复兴，将中华优秀传统文化中的思想理念转化为中国特色社会主义文化，是中华优秀传统文化转化为现代文明形态的实践逻辑。要深入实施中华优秀传统文化传承发展工程、中华文明探源工程，深入挖掘阐发中华优秀传统文化讲仁爱、重民本、守诚信、崇正义、尚和合、求大同的时代价值，挖掘阐发天下为公、民为邦本、为政以德、革故鼎新、任人唯贤、天人合一、自强不息、厚德载物、讲信修睦、亲仁善邻等中华文明智慧结晶和所蕴含的思想观念、人文精神、道德规范，推动与中国特色社会主义先进文化相适应，同人民群众日用而不觉的共同价值观念相融通，增强做中国人的志气、骨气、底气，为推进中国式现代化提供源源不断的文化力量。

继承和弘扬中华优秀传统文化，要加大正面宣传力度，增强学习宣传的时、度、效。要加强历史文化宣传教育，树立正确的中华民族历史观，准确运用现有史料，持续挖掘整理民间传说、历史故事、遗址遗迹、口述史料等。要加强中华优秀传统文化遗产保护运用，在提炼、转化、融合上下功夫，强化重要文化和自然遗产、非物质文化遗产系统性保护、数字化展示、时代化表达、艺术化呈现。要把中华优秀传统文化融入家规家训、村规民约，帮助人们辨识是非曲直，不断汲取中华优秀传统文化中的哲理思想和生活智慧。要打造传统文化体验平台，发展"文物＋旅游""非遗＋科技"等新业态，推出经典阅读、礼仪普及、文化沙龙、大众讲座等，让人们在沉浸式、互动化学习体验中了解中华文化的变迁，触摸中华文化的脉络，感受中华文化的魅力，汲取中华文化的精髓。

要聚焦中华文化主题，聚力推出一批国家象征、语言文字、中华优秀传统文化、革命文化、当代精神文化、人文地理等中华文化符号和中华民族形象，打造海报挂图、公益广告、展览展陈、文艺栏目、直播互动、纪录片、广播剧、融媒体产品等，体现中华传统文化价值内涵和人文底蕴，思想精深、艺术精湛、制作精良的精品佳作。要积极探索"研学＋创演""文物＋竞答""解读＋体验"等新形式，结合诗词典故、民间传说、民歌民谣等历史文化知识，以更加生动活泼的方式传播中华文化，讲好中华历史故事、民族团结故事。要加强城乡建设中历史文化保护传承，深入挖掘和保护利用长城、黄河等中华民族代表性符号和中华文明重要象征，结合推进国家文化公园建设，用群众喜闻乐见的方式传播中华文明魅力，让宝贵的历史文化遗产焕发新的生命力。

增强中华文明传播力影响力，以各种新形式新手段展现可信、可爱、可敬的中国形象，是中国式现代化赋予文化强国的重要使命，也是加强国际传播工作的重要落脚点。必须坚守中华文化立场，适应海外文化市场需要，精心提炼、充分展示中华文明精神标识和文化精髓的文化符号和形象体系，加快构建中国话语和中国叙事体系，善于运用文化符号和形象IP来创作生产海外受众喜爱的影视作品、动漫游戏、文创产品等，依托X（原推特）、脸书、图享等海外社交媒体平台，让中国人的宇宙观、天下观、社会观、道德观以创意化的表达"出圈""出海"，更好讲述中国故事、展示中国精神、塑造中国形象。要实施系统精准对外传播策略，加强对中华优秀传统文化的对象化阐释、时代化解读、国际化表达，贴近国外受众特别是"Z世代"等喜爱的潮流文化、时尚元素、美术音乐、动漫科幻、元宇宙等，使中华符号、中国元素通过生动的表达流行海外、蜚声国际。要深入研究国际传播规律，积极构建中华文化符号和形象走出去的战略体系，统筹专业机构、高端智库、高校、外宣媒体等阵地和力量，发挥知名学者、文艺名家、体育明星、非遗传承人和知华友华"朋友圈"作用，以潜移默化的方式传播中华文化符号和中国价值体系，让世界读懂中国、读懂中华文化、读懂中国人民、读懂中国共产党、读懂中国式现代化、读懂中华民族。要加强文物保护利用和文化遗产保护传承，推动饮食文化、中医药文化等非物质文化遗产、少数民族优秀文化艺术等走向世界，不断扩大中华文化国际影响力，不断增强民族自豪感、文化自信心。

# 第六章　文化自信的根本原则是什么？

实现马克思主义与中华优秀传统文化的结合是又一次思想解放，是不断推进理论创新的重要任务，也是坚持文化自信的根本原则。"第二个结合"，是我们党对马克思主义中国化时代化历史经验的深刻总结，是对中华文明发展规律的深刻把握，表明我们党对中国道路、理论、制度的认识达到了新高度，表明我们党的历史自信、文化自信达到了新高度，表明我们党在传承中华优秀传统文化中推进文化创新的自觉性达到了新高度。[1]

## 一、不断推进马克思主义中国代时代化

马克思主义的生命力在于有着显著的实践性，在于始终不脱离现实、不疏远人民、不流于空泛抽象，在于能够以一定的方式在现实中产生实际有效的社会作用。中国共产党的长期历史充分证明，不断推

---

1　习近平：《在文化传承发展座谈会上的讲话》，《求是》2023年第17期。

进马克思主义中国化时代化，才能保证取得事业的不断成功。《中共中央关于党的百年奋斗重大成就和历史经验的决议》指出："习近平新时代中国特色社会主义思想是当代中国马克思主义、21世纪马克思主义，是中华文化和中国精神的时代精华，实现了马克思主义中国化新的飞跃。""党之所以能够领导人民在一次次求索、一次次挫折、一次次开拓中完成中国其他各种政治力量不可能完成的艰巨任务，根本在于坚持解放思想、实事求是、与时俱进、求真务实，坚持把马克思主义基本原理同中国具体实际相结合、同中华优秀传统文化相结合，坚持实践是检验真理的唯一标准，坚持一切从实际出发，及时回答时代之问、人民之问，不断推进马克思主义中国化时代化。"[1]党的二十大报告指出："实践告诉我们，中国共产党为什么能，中国特色社会主义为什么好，归根到底是马克思主义行，是中国化时代化的马克思主义行。"[2]

历史和文化的发展有其自身的内在逻辑，马克思主义进入中国并产生强大的历史作用有着必然性。马克思主义中国化时代化同中华优秀传统文化的结合密不可分。习近平总书记指出："马克思主义传入中国后，科学社会主义的主张受到中国人民热烈欢迎，并最终扎根中国大地、开花结果，决不是偶然的，而是同我国传承了几千年的优秀历史文化和广大人民日用而不觉的价值观念融通的。"[3]马克思主义作为科学的真理，对社会的具体作用不是静止的僵化的，需要在实际中加以灵活有效的运用转化，而做到这种应用就必须与文化传统结合起来，充分发挥传统中的优秀元素，使得马克思主义成为中国的。党的二十大报告指出："中

---

1 《中共中央关于党的百年奋斗重大成就和历史经验的决议》，人民出版社2021年版，第26、66—67页。
2 《习近平著作选读》第1卷，人民出版社2023年版，第14页。
3 《习近平著作选读》第2卷，人民出版社2023年版，第278页。

国共产党人深刻认识到，只有把马克思主义基本原理同中国具体实际相结合、同中华优秀传统文化相结合，坚持运用辩证唯物主义和历史唯物主义，才能正确回答时代和实践提出的重大问题，才能始终保持马克思主义的蓬勃生机和旺盛活力。"[1]为什么可以实现这种结合，是因为有这种内在可能性。"'结合'的前提是彼此契合。'结合'不是硬凑在一起的。马克思主义和中华优秀传统文化来源不同，但彼此存在高度的契合性。比如，天下为公、讲信修睦的社会追求与共产主义、社会主义的理想信念相通，民为邦本、为政以德的治理思想与人民至上的政治观念相融，革故鼎新、自强不息的担当与共产党人的革命精神相合。马克思主义从社会关系的角度把握人的本质，中华文化也把人安放在家国天下之中，都反对把人看作孤立的个体。相互契合才能有机结合。正是在这个意义上，我们才说中国共产党既是马克思主义的坚定信仰者和践行者，又是中华优秀传统文化的忠实继承者和弘扬者。"[2]

坚持和结合是相互紧密联系、缺一不可的过程。坚持需要结合，结合就是坚持。无论是坚持，还是结合，既需要注重保留科学理论本身中的核心原理和基础，又需要根据时代、人民、实践和文化的要求不断创新转化。习近平总书记强调："马克思主义中国化时代化这个重大命题本身就决定，我们决不能抛弃马克思主义这个魂脉，决不能抛弃中华优秀传统文化这个根脉。坚守好这个魂和根，是理论创新的基础和前提……理论创新必须讲新话，但不能丢了老祖宗，数典忘祖就等于割断了魂脉和根脉，最终会犯失去魂脉和根脉的颠覆性错误。"[3]马克思主

---

1　《习近平著作选读》第1卷，人民出版社2023年版，第14页。
2　习近平：《在文化传承发展座谈会上的讲话》，《求是》2023年第17期。
3　习近平：《开辟马克思主义中国化时代化新境界》，《求是》2023年第20期。

义是我们立党立国、兴党兴国的根本指导思想，"结合"的前提是坚持马克思主义在意识形态领域的指导地位，将马克思主义基本原理同中国具体实际、中华优秀传统文化结合起来，表达了中国共产党人对马克思主义的坚定信仰。坚持以马克思主义为指导，确保中国特色社会主义文化发展方向，这是新时代文化建设的根本所在。

不同国家、民族有不同历史积累、文明积淀，由此决定了不同的文化发展道路。新时代文化建设要从中国具体实际、中国国情出发，不能简单移植或照搬他国的文化发展道路；中国具体实际是一定时代条件下的实际，新时代文化建设要顺应时代潮流、体现时代精神；文化发展具有继承性，马克思主义基本原理同中华优秀传统文化相结合，既有利于实现中华优秀传统文化的创造性转化、创新性发展，也有利于让马克思主义在中华大地深深扎根。"结合"揭示了文化发展规律，为新时代文化建设提供了方法指引。"结合"让马克思主义成为中国的，中华优秀传统文化成为现代的，经过"结合"实现马克思主义基本原理与中国具体实际、中华优秀传统文化的有机融合，形成新的文化形态。这种文化形态既蕴含马克思主义的思想精髓，又蕴含中华优秀传统文化的精华；既符合中国国情、时代特征，又顺应人民的文化诉求。这种形成新的文化形态的方法，既是马克思主义中国化时代化的方法、开辟和发展中国特色社会主义的方法，也是建设中华民族现代文明的方法。

"结合"使得坚持和发展中国特色社会主义获得了新的生机活力，使得马克思主义中国化时代化在理论和实践上取得了新的进展。

"结合"筑牢了道路根基。我们的社会主义为什么不一样？为什么能够生机勃勃、充满活力？关键就在于中国特色。中国特色的关键就在于"两个结合"。中国特色社会主义道路首先是社会主义，这是从马克思主义那里来的；同时，中国文化中朴素的社会主义元素也提供了中国接受马克思主义的文化基础。建设中国特色社会主义，我们的道路越走越宽广、越走越坚定。在中国特色社会主义新时代，党和国家的事业之所以取得了历史性成就、发生了历史性变革，一个重要原因就是我们坚持了"两个结合"。中国特色社会主义道路是在马克思主义指导下走出来的，也是从五千多年中华文明史中走出来的；"第二个结合"让中国特色社会主义道路有了更加宏阔深远的历史纵深，拓展了中国特色社会主义道路的文化根基。中国式现代化是强国建设、民族复兴的康庄大道。中国式现代化赋予中华文明以现代力量，中华文明赋予中国式现代化以深厚底蕴。中国式现代化是赓续古老文明的现代化，而不是消灭古老文明的现代化；是从中华大地长出来的现代化，不是照搬照抄其他国家的现代化；是文明更新的结果，不是文明断裂的产物。中国式现代化是中华民族的旧邦新命，必将推动中华文明重焕荣光。[1]

## 二、以马克思主义为指导对中华五千多年文明宝库进行全面挖掘

中华文明蕴藏着数不胜数且具有世界意义的丰厚元素，是一座无与伦比的巨大宝库。中华文明在物质产品创造、政治制度创建、精神文化

---

[1] 习近平：《在文化传承发展座谈会上的讲话》，《求是》2023年第17期。

创新等诸多方面,产生了蔚为大观的文明成就。譬如以四大发明为代表的物质和科技成就,展现了中华民族的智慧和创造,对人类文明的进步影响巨大。制度层面的礼仪文明,不仅起源很早,而且有长期相传的规范:孔子强调"不学礼,无以立",《晏子春秋》认为"凡人之所以贵于禽兽者,以有礼也"。礼的要求深入民间和统治集团,渗透于社会生活的方方面面,让人人都能够深刻体悟并言传身教。精神层面的文明成果,中华文明更是留下无数延续至今、传至世界的思想观念。中华武术、戏曲、服饰、书画、医药等都包含承传至今的文明元素,保存下来的各类文献典籍不计其数,一部《四库全书》达八万卷、八亿字之巨。有统计说,我国保存的古书约五千万册,数量之多超过所有其他国家的数量之和。这一巨大无比的文明宝库,有无数珍宝供世界挖掘利用。

中华传统文化的丰富性在中华民族长期的发展过程中得以体现,各个时代、各个学派都对其作出了贡献。

中国传统文化,尤其是作为其核心的思想文化的形成和发展,大体经历了中国先秦诸子百家争鸣、两汉经学兴盛、魏晋南北朝玄学流行、隋唐儒释道并立、宋明理学发展等几个历史时期。从这绵延两千多年之久的历史进程中,我们可以看出这样几个特点。一是儒家思想和中国历史上存在的其他学说既对立又统一,既相互竞争又相互借鉴,虽然儒家思想长期居于主导地位,但始终和其他学说处于和而不同的局面之中。二是儒家思想和中国历史上存在的其他学说都是与时迁移、应物变化的,都是顺应中国社会发展和时代前进的要求而不断发展更新的,因而具有长久的生命力。三是儒家思想和中国历史上存在的其他学说都坚持经世致用原则,注重发挥文以化人的教化功能,把对个人、社会的教化同对国家的治理结合起来，达到相辅相成、相互促进的目的。[1]

今天挖掘中华文明宝库，需要从历史的脉络、思想的演化、观念的逻辑、社会的变革等方面出发重新把握其价值。

中华文明宝库浩瀚厚重、磅礴大气，涉及方方面面，我们必须以无比珍视的姿态去梳理、检视、挖掘，从中萃取精华、汲取能量、吸收营养，以求古为今用、中西结合、推陈出新，从中寻求思考、解决现实问题的启示和思维。世界上一些有识之士认为，包括儒家思想在内的中国优秀传统文化中蕴藏着解决当代人类面临的难题的重要启示，比如，关于道法自然、天人合一的思想，关于天下为公、大同世界的思想，关于自强不息、厚德载物的思想，关于以民为本、安民富民乐民的思想，关于为政以德、政者正也的思想，关于苟日新日日新又日新、革故鼎新、与时俱进的思想，关于脚踏实地、实事求是的思想，关于经世致用、知行合一、躬行实践的思想，关于集思广益、博施众利、群策群力的思想，关于仁者爱人、以德立人的思想，关于以诚待人、讲信修睦的思想，关于清廉从政、勤勉奉公的思想，关于俭约自守、力戒奢华的思想，关于中和、泰和、求同存异、和而不同、和谐相处的思想，关于安不忘危、存不忘亡、治不忘乱、居安思危的思想，等等。[2]可见，中华优秀传统文化是过去的优秀传统，也是现实的有益理念；是中国的，也是世界的。

习近平总书记寄望，要加强对中华优秀传统文化的挖掘和阐发，使中华民族最基本的文化基因与当代文化相适应、与现代社会相协调，把

---

1 《习近平著作选读》第1卷，人民出版社2023年版，第276—277页。
2 《习近平著作选读》第1卷，人民出版社2023年版，第277—278页。

跨越时空、超越国界、富有永恒魅力、具有当代价值的文化精神弘扬起来。全面挖掘中华文明宝库，是传承发展中华优秀传统文化、推动中华优秀传统文化创造性转化、创新性发展的需要，是实现马克思主义基本原理同中华优秀传统文化相结合、由相互契合到互相成就的需要，是赋予中国式现代化以深厚底蕴、形成中国式现代化的文化形态的需要，是拓展中国特色社会主义道路的文化根基、造就有机统一的新的文化生命体的需要，是有力推进中国特色社会主义文化建设、建设中华民族现代文明的需要。这是历史赋予当代中国的时代责任，是我们在新时代必须担当起的新的文化使命。

## 三、用马克思主义激活中华优秀传统文化中富有生命力的优秀因子并赋予新的时代内涵

中华民本思想源远流长，肇始于夏商周，发展于春秋战国，定型于汉代。《尚书》里记载夏禹就已经提出"政在养民""民惟邦本"的思想，商王盘庚提出"施实德于民""惟民之承保"的思想。2001年发现的遂公盨铭文是一篇歌颂夏代创建者夏禹德行的纪念文，里面就记载夏禹为民之父母，尽力帮助民众，受民众爱戴。当时神佑王权的思想还占主导位置，迷信"天命"，自认王权受命于天。特别是到了夏商后期，横征暴敛，罔顾民众死活。夏桀称："天之有日，犹吾之有民，日有亡哉，日亡吾亦亡矣。"商纣亦认为："我生不有命在天乎！"但治理之道终究还是偏离了民众，其政权最终被民众所推翻。以周公为代表的周初

政治家们在总结夏、商二代衰亡的教训时，深刻认识到民众的力量，提出"民之所欲，天必从之"的思想，将天命和民欲联系起来，上天关心的是民众的疾苦，天命是以民众愿望为依归。"天人关系"开始向人倾斜，天命、天道、天理与人命、人道、人理的关系发生深刻改变。君权天授论渐渐被改变，统治者之所以能成为"天子"，是因为民众，民之所欲即为天道。这就要求统治者在政治上爱民、重民，在经济上富民、知百姓疾苦，在生活上节俭，减轻百姓负担，如德本财末、调有余相给、为民制产、养民为先、富民为本、利民为本、水可载舟、先富后教、下富则上富、上下俱富、博施济众、损有余益不足、取之以时、用之有度、用之有止、以均万民、以生万民、轻徭薄赋、节用爱人等。我国几千年历史底蕴提供的丰富的思想文化资源，衍生出"为民服务"政治价值观，也将支撑起以人为核心的中国式现代化。马克思主义从根本上讲，是以人民群众为价值指向的思想理论体系，致力于实现人的自由而全面的发展，这与以民为本的中华传统思想是相向相通的。

在世界观、人生观、价值观方面，中华文化有着独特的取向。天人合一的宇宙观主张万物相互联系，强调整个世界的有机关联，崇尚天人合一、道法自然，追求人与自然和谐共生；协和万邦的天下观主张亲仁善邻、天下一家、世界大同，倡导化干戈为玉帛，和谐相处，开放包容，文明交流互鉴；和而不同的社会观主张"和实生物，同则不继"，"君子和而不同，小人同而不和"，倡导求同存异，承认和尊重差异，追求平等和睦、共生共荣；人心和善的道德观重视人与自身、人与他人、人与社会、人与自然的伦理关系，崇德向善，追求心灵祥和安宁以及"仁者爱人""推己及人"的道德境界。马克思主义强调认识和遵循事物存在发展的客观规律，提倡协调人与自然、人与社会之间的辩证关系，主张超越资本至上的利己主义价值观。二者的一致性和相通性是显然的。

中华文明中"以迂为直，以患为利""一阴一阳之谓道""天人合一""福祸相倚"等朴素而丰富的辩证思想彰显了中华民族的深沉智慧，"经世致用""实事求是""知行合一"等方法体现了中华民族的行为导向。马克思主义唯物辩证法阐述了从客观事实出发、对立统一、否定之否定、质变量变等重要原则，阐述了问题在于改变世界的以实践为核心的新唯物主义。我们党一向善于运用马克思主义辩证法对中华文化中的思想智慧进行扬弃转化。

习近平总书记指出："我们从事的是前无古人的伟大事业，守正才能不迷失方向、不犯颠覆性错误，创新才能把握时代、引领时代。"[1]在推进中国式现代化进程中建设中华民族现代文明，要守好中国式现代化的本和源、根和魂，毫不动摇坚持中国式现代化的中国特色、本质要求、重大原则，确保中国式现代化沿着正确方向稳步向前。把坚持马克思主义和发展马克思主义统一起来，不断推进马克思主义中国化时代化；深入挖掘和阐发中华优秀传统文化讲仁爱、重民本、守诚信、崇正义、尚和合、求大同的时代价值，推动中华优秀传统文化同社会主义社会相适应；坚持古为今用、洋为中用，不忘本来、吸收外来、面向未来，融通各种资源，促进外来文化本土化。把创新摆在国家发展全局的突出位置，顺应时代发展要求，着眼于解决重大理论和实践问题，积极识变应变求变，激发全民族文化创新创造活力。

---

1 《习近平著作选读》第1卷，人民出版社2023年版，第16—17页。

"结合"打开了创新空间。"结合"本身就是创新，同时又开启了广阔的理论和实践创新空间。"第二个结合"让我们掌握了思想和文化主动，并有力地作用于道路、理论和制度。从这个角度看，我们党开创的人民代表大会制度、政治协商制度，与中华文明的民本思想，天下共治理念，"共和""商量"的施政传统，"兼容并包、求同存异"的政治智慧都有深刻关联。我们没有搞联邦制、邦联制，确立了单一制国家形式，实行民族区域自治制度，就是顺应向内凝聚、多元一体的中华民族发展大趋势，承继九州共贯、六合同风、四海一家的中国文化大一统传统。更重要的是，"第二个结合"是又一次的思想解放，让我们能够在更广阔的文化空间中，充分运用中华优秀传统文化的宝贵资源，探索面向未来的理论和制度创新。[1]

## 四、将中华民族的伟大精神和丰富智慧更深层次地注入马克思主义

深刻理解习近平总书记"将中华民族的伟大精神和丰富智慧更深层次地注入马克思主义"这一重要论断，既是我们科学把握"两个结合"，特别是"第二个结合"的迫切需要，更是对我们进一步坚定历史自信、文化自信，坚持厚植本国、本民族文化沃土，发展马克思主义不停步，不断谱写马克思主义中国化时代化新篇章，具有重大现实意义和深远历

---

[1] 习近平：《在文化传承发展座谈会上的讲话》，《求是》2023年第17期。

史意义。

中华传统文化源远流长、博大精深,中华民族形成和发展过程中产生的各种思想文化,客观记载了中华民族在长期奋斗中开展的精神活动、进行的理性思维、创造的文化成果,反映了中华民族的精神追求,彰显了中华民族的丰硕智慧,其中最核心的内容已经成为中华民族最基本的文化基因,成为中华文化体不可缺少的内容。推进"第二个结合"的过程,是以马克思主义的基本原理对接中华优秀传统文化的土壤,使中华优秀传统文化能够得到新的继承和运用,真正与马克思主义结合起来共同发挥现实作用,从而使马克思主义呈现出更多中国特色、中国风格、中国气派,符合中国的实际,真正成为在中国得以实践的科学指南。

1938年,毛泽东同志就揭示"马克思主义必须和我国的具体特点相结合并通过一定的民族形式才能实现"[1]的深刻道理。1943年,中国共产党对马克思主义中国化的"民族形式"问题作出阐释,提出"中国共产党人是我们民族一切文化、思想、道德的最优秀传统的继承者,把这一切优秀传统看成和自己血肉相连的东西,而且将继续加以发扬光大";中国共产党人"要使得马克思列宁主义这一革命科学更进一步地和中国革命实践、中国历史、中国文化深相结合起来"[2]。

改革开放之初,邓小平同志在党的十二大上提出了"把马克思主义的普遍真理同我国的具体实际结合起来,走自己的道路,建设有中国特色的社会主义"[3]的思想。在不断推进马克思主义中国化过程中,邓小平

---

1　《毛泽东选集》第2卷,人民出版社1991年版,第534页。
2　中共中央文献研究室、中央档案馆编:《建党以来重要文献选编(1921~1949)》第20册,中央文献出版社2011年版,第318、318—319页。
3　《邓小平文选》第3卷,人民出版社1993年版,第3页。

理论成为中国特色社会主义这篇大文章的"序言"，确定了坚持和发展中国特色社会主义的基本思路和基本原则；"三个代表"重要思想和科学发展观，续写了世纪之交中国特色社会主义这篇大文章的精彩篇章。在这一过程中，中国共产党成立八十周年之际，江泽民同志提出"中国化了的马克思主义，既体现了马克思列宁主义的基本原理，又包含了中华民族的优秀思想和中国共产党人的实践经验"[1]的观点；中国共产党成立九十周年之际，胡锦涛同志提出"以科学态度对待马克思主义，用发展着的马克思主义指导新的实践"[2]的观点，这是"三个代表"重要思想和科学发展观对不断推进马克思主义中国化理论自觉的集中体现。

党的十八大以来，在马克思主义中国化时代化过程中，习近平总书记对马克思主义基本原理同中华优秀传统文化相结合的原则和方法，作出多方面的探索。2013年4月，习近平总书记指出："中国特色社会主义，是科学社会主义理论逻辑和中国社会发展历史逻辑的辩证统一，是根植于中国大地、反映中国人民意愿、适应中国和时代发展进步要求的科学社会主义。"[3] 2016年5月，习近平总书记指出："要加强对中华优秀传统文化的挖掘和阐发，使中华民族最基本的文化基因与当代文化相适应、与现代社会相协调，把跨越时空、超越国界、富有永恒魅力、具有当代价值的文化精神弘扬起来。"[4]

习近平总书记在庆祝中国共产党成立一百周年大会上的重要讲话中，首次提出"两个结合"，这是作为新征程开辟马克思主义中国化时

---

1 《江泽民文选》第3卷，人民出版社2006年版，第270页。
2 《胡锦涛文选》第3卷，人民出版社2016年版，第528页。
3 《习近平著作选读》第1卷，人民出版社2023年版，第85页。
4 《习近平著作选读》第1卷，人民出版社2023年版，第480页。

代化新境界的方法而提出的。2022年10月28日，习近平总书记在河南安阳殷墟遗址考察时强调，中华优秀传统文化是我们党创新理论的"根"，我们推进马克思主义中国化时代化的根本途径是"两个结合"。党的二十大报告对"两个结合"进行了阐释，深化了对"两个结合"的理论认识，明确了"两个结合"的实践指向。在新征程中，必须继续把马克思主义基本原理同中华优秀传统文化结合起来，更好地发挥中华优秀传统文化的现实作用，以马克思主义中国化时代化的新成果不断指导新的实践。

## 五、有效把马克思主义思想精髓同中华优秀传统文化精华贯通起来

马克思主义提出了唯物辩证法的一系列原则，科学揭示了人类社会发展的一般规律和具体形式。历史和现实一再证明，只有不断坚持和发展马克思主义，活学活用马克思主义，使马克思主义与中华优秀传统文化相互贯通，只有结合新的实践不断推进理论创新、善于用新的理论指导新的实践，才能让马克思主义在中国大地上展现出更强大有效的真理力量。

马克思主义进入中国、在中国场域产生作用，必须适应中国的土壤，必须适应中华文化，发挥中华文化中的优秀传统。习近平总书记指出，为什么中华民族能够在几千年的历史长河中顽强生存和不断发展呢？很重要的一个原因，是我们民族有一脉相承的精神追求、精神特

质、精神脉络。中华优秀传统文化是中华民族不可抛弃的精神命脉，深深融入我们的社会生活和文化世界。几千年来，中华民族一向尊奉讲仁爱、重民本、守诚信、崇正义、尚和合、求大同的价值取向，形成了独特的伦理观、社会观、人生观、价值观。这使得中华民族能够坚守祖先们的行为规范和思想理念，铸就一脉相承的精神文化追求。这些优秀的传统观念与马克思主义的本性是完全符合的，完全可以为马克思主义所用、为现实所用。

习近平总书记指出："不忘历史才能开辟未来，善于继承才能善于创新。优秀传统文化是一个国家、一个民族传承和发展的根本，如果丢掉了，就割断了精神命脉。我们要善于把弘扬优秀传统文化和发展现实文化有机统一起来，紧密结合起来，在继承中发展，在发展中继承。传统文化在其形成和发展过程中，不可避免会受到当时人们的认识水平、时代条件、社会制度的局限性的制约和影响，因而也不可避免会存在陈旧过时或已成为糟粕性的东西。这就要求人们在学习、研究、应用传统文化时坚持古为今用、推陈出新，结合新的实践和时代要求进行正确取舍，而不能一股脑儿都拿到今天来照套照用。要坚持古为今用、以古鉴今，坚持有鉴别的对待、有扬弃的继承，而不能搞厚古薄今、以古非今，努力实现传统文化的创造性转化、创新性发展，使之与现实文化相融相通，共同服务以文化人的时代任务。"[1]这是对待传统文化的科学全面态度。

传统文化对中国人精神世界的深刻影响，构成马克思主义产生作用的重要基地。"研究孔子、研究儒学，是认识中国人的民族特性、

---

1 《习近平著作选读》第1卷，人民出版社2023年版，第281页。

认识当今中国人精神世界历史来由的一个重要途径。春秋战国时期，儒家和法家、道家、墨家、农家、兵家等各个思想流派相互切磋、相互激荡，形成了百家争鸣的文化大观，丰富了当时中国人的精神世界。虽然后来儒家思想在中国思想文化领域长期取得了主导地位，但中国思想文化依然是多向多元发展的。这些思想文化体现着中华民族世世代代在生产生活中形成和传承的世界观、人生观、价值观、审美观等，其中最核心的内容已经成为中华民族最基本的文化基因。这些最基本的文化基因，是中华民族和中国人民在修齐治平、尊时守位、知常达变、开物成务、建功立业过程中逐渐形成的有别于其他民族的独特标识。"[1]

理论创新既不能丢老祖宗，又必须讲新话，在坚持中不断发展，在承继优秀传统基础上作出原创性贡献。新时代新征程，我们推进理论创新，必须坚持解放思想、实事求是，必须深化规律性认识，推进"两个结合"，坚守马克思主义这个魂脉和中华优秀传统文化这个根脉，在马克思主义思想精髓同中华优秀传统文化精华的贯通中拓展理论创新的新空间、聚变理论创新的新优势，使得理论创新在实践中更加发挥作用。

党的二十大报告指出："坚持和发展马克思主义，必须同中华优秀传统文化相结合。只有植根本国、本民族历史文化沃土，马克思主义真理之树才能根深叶茂。"[2]推动马克思主义本土化时代化，使马克思主义在具体的环境中产生实践作用，就必须使其与中国人民的精神世界、价值追求、社会活动相契合、相融通，在本土化中获得人民的支持参与，

---

1 《习近平著作选读》第1卷，人民出版社2023年版，第282页。
2 《习近平著作选读》第1卷，人民出版社2023年版，第15页。

获得强大的生命力。如果没有中华五千多年的文明，哪里有什么中国特色？如果不是中国特色，哪有今天的中国特色社会主义道路？新时代新征程，推进理论创新和实践创新，必须扎根自身的历史文化土壤，进行新的思想解放。既要努力从中华优秀传统文化的沃土中汲取源头活水，让传统焕发青春，又要用马克思主义真理的力量激活中华优秀传统文化，让真理进入心灵，使二者的结合产生新的时代伟力。

# 第七章　文化自信的可靠支撑在哪里？

文化自信与强大有力的意识形态密不可分，意识形态的不断巩固是增强文化自信的必然要求。充分发挥好意识形态的作用，应对好意识形态的复杂挑战和冲击，才能从根本上提升文化软实力，为文化建设提供核心基础。

## 一、为国家立心，为民族立魂

马克思说："如果从观念上来考察，那么一定的意识形态的解体足以使整个时代覆灭。"[1]意识形态建设的重要性由此可见一斑。所有宣传思想部门和单位，所有宣传思想战线上的党员、干部都要旗帜鲜明地坚持党性原则。坚持党性，核心就是坚持正确政治方向，站稳政治立场，坚定宣传党的理论和路线方针政策，坚定宣传中央重大工作部署，坚定宣传中央关于形势的重大分析判断，坚决同党中央保持高度一致，坚决

---

1 《马克思恩格斯文集》第8卷，人民出版社2009年版，第170页。

维护党中央权威。党和政府的宣传阵地，必须姓党，必须抓在党的手里，必须成为党和人民的喉舌。党的二十大报告中指出："我们要坚持马克思主义在意识形态领域指导地位的根本制度"，"巩固全党全国各族人民团结奋斗的共同思想基础"，"建设具有强大凝聚力和引领力的社会主义意识形态"，"牢牢掌握党对意识形态工作领导权"。[1]这些重要论断站在确保党长期执政、确保国家长治久安、确保中华民族长盛不衰的战略高度，深刻阐明了意识形态对党和国家安全的极端重要性，为我们进一步做好新时代意识形态工作明确了方向目标，提供了根本遵循。

党的十八大以来，习近平总书记亲自谋划指导推动，提出一系列重大方针原则，作出一系列重大决策部署，举旗亮剑、强基固本，理直气壮弘扬新风正气，坚决果断消除顽瘴痼疾，不断巩固马克思主义在意识形态领域的指导地位，打牢了全体人民团结奋斗的共同思想基础，推动了我国意识形态领域形势发生全局性、根本性转变。

马克思说："理论一经掌握群众，也会变成物质力量。"[2]我们党历来高度重视理论武装，坚持理论创新每前进一步，理论武装就跟进一步，不断巩固全党全国人民团结奋斗的共同思想基础。习近平新时代中国特色社会主义思想是当代中国马克思主义、21世纪马克思主义，是中华文化和中国精神的时代精华。巩固壮大新时代的主流思想舆论，最重要的任务、第一位的要求，就是坚持不懈用习近平新时代中国特色社会主义思想武装全党、教育人民、指导实践，引导人们深刻领会和把握这一科学思想体系贯穿的马克思主义立场观点方法，深刻领会和把握蕴含其

---

1 《习近平著作选读》第1卷，人民出版社2023年版，第35—36页。

2 《马克思恩格斯文集》第1卷，人民出版社2009年版，第11页。

中的坚定信仰信念、鲜明人民立场、强烈历史担当、求真务实作风、勇于创新精神和科学思想方法，持续推动习近平新时代中国特色社会主义思想深入人心和实践。

要建设具有强大凝聚力和引领力的社会主义意识形态，坚持马克思主义在意识形态领域指导地位是根本，牢牢掌握党对意识形态工作领导权是关键。"在意识形态斗争上，我们没有任何妥协退让的余地，必须取得全胜。"[1]在新时代的伟大变革中，我国意识形态领域形势之所以发生全局性、根本性转变，就在于以习近平同志为核心的党中央全面加强党的领导，把坚持马克思主义在意识形态领域指导地位确立为我国根本制度。全党要坚持这一根本制度，全面贯彻落实习近平新时代中国特色社会主义思想，不断健全用党的创新理论武装全党、教育人民、指导实践工作体系和党委（党组）理论学习中心组等各层级学习制度，深化网络学习平台建设。深入实施马克思主义理论研究和建设工程，把坚持以马克思主义为指导全面落实到思想理论建设、哲学社会科学研究、教育教学各方面。进一步加强和改进学校思想政治教育，落实全员、全程、全方位育人体制机制。全面落实意识形态工作责任制，增强各级党委做好意识形态工作的责任意识和敢抓敢管、敢于亮剑的斗争精神。要压实压紧各级党委（党组）责任，细化任务清单、责任清单，明确到具体人、具体事，层层传导压力，做到任务落实不马虎、阵地管理不懈怠、责任追究不含糊。

随着世界进入新的动荡变革期，世界范围的意识形态潜在斗争更加

---

1　中共中央宣传部编:《习近平新时代中国特色社会主义思想学习纲要》(2023年版)，学习出版社、人民出版社2023年版，第188页。

尖锐复杂；各种敌对势力一直企图在我国制造"颜色革命"和各种渗透，千方百计要在思想上、政治上搞乱我们，妄图颠覆中国共产党领导和我国社会主义制度，我国的意识形态安全始终面临风险挑战。为此，习近平总书记要求全党必须始终从确保党的长期执政、确保国家长治久安、确保中华民族长盛不衰的战略高度重视和做好意识形态工作。宣传思想工作就是要旗帜鲜明巩固马克思主义在意识形态领域的指导地位，巩固全党全国人民团结奋斗的共同思想基础。"做好宣传思想工作，必须讲党性。坚持党性，核心就是坚持正确政治方向，站稳政治立场，坚定宣传党的理论和路线方针政策，坚定宣传中央重大工作部署，坚定宣传中央关于形势的重大分析判断，坚决同党中央保持高度一致，坚决维护中央权威。这是大原则，决不能动摇。"[1]必须坚持巩固壮大主流思想舆论，弘扬主旋律，传播正能量，激发全社会团结奋进的强大力量。关键是要提高质量和水平，把握好时、度、效，增强吸引力和感染力，让群众爱听爱看、产生共鸣，充分发挥正面宣传鼓舞人、激励人的作用。在事关大是大非和政治原则问题上，必须增强主动性、掌握主动权、打好主动仗，帮助干部群众划清是非界限、澄清模糊认识。

党的宣传思想工作阵地，包括理论、哲学社会科学、文艺、新闻舆论和出版、互联网宣传和信息内容管理、对外宣传、高校思想政治、党史学习教育等方面。党的十八大以来，习近平总书记在文艺工作座谈会、全国党校工作会议、党的新闻舆论工作座谈会、网络安全和信息化工作座谈会、哲学社会科学工作座谈会、全国高校思想政治工作会议、

---

[1] 中共中央党史和文献研究院编：《习近平关于社会主义精神文明建设论述摘编》，中央文献出版社2022年版，第3页。

全国网络安全和信息化工作会议、学校思想政治理论课教师座谈会、党史学习教育动员大会等重要会议上，发表了重要讲话，廓清了理论是非、划清了底线红线、校正了工作导向，为做好意识形态工作明确了方向任务。要按照党中央要求，全面做好涉及意识形态各领域的工作。各级党委要把做好意识形态工作摆在重要位置，加强组织领导，及时掌握意识形态形势和动态，对各种政治性、原则性、导向性问题要敢抓敢管，对各种错误思想必须敢于亮剑，帮助人们明辨是非，牢牢掌握意识形态工作主动权。

## 二、坚持马克思主义指导地位

中国共产党始终以马克思主义及其中国化时代化的最新成果为指导。回顾我国革命、建设、改革的伟大历程，正是因为有马克思主义的理论武装，才保证了前进的方向和战略，凝聚起全党全国各族人民的意志和力量。我们党坚持把马克思主义基本原理同中国具体实际相结合、同中华优秀传统文化相结合，创立了习近平新时代中国特色社会主义思想，形成了习近平文化思想，巩固了中华民族的文化主体性。建设具有强大凝聚力和引领力的社会主义意识形态，必须不断推进马克思主义中国化时代化，巩固马克思主义在意识形态领域的指导地位，巩固全党全国人民团结奋斗的共同思想基础，为开创党和国家事业新局面提供坚强思想政治保证和强大精神力量。

党的十八大以来，在以习近平同志为核心的党中央高度重视和推动部署下，马克思主义在我国意识形态领域的指导地位得到持续巩固深化，思想文化领域发生了历史性、根本性变化。马克思主义学习研究全面取得实效，马克思主义世界观方法论得到切实贯彻，马克思主义中国化时代化取得显著成绩，党的创新理论深入人心。同时，当前在思想文化领域仍存在需要重视解决的一些问题。比如，马克思主义被边缘化、空泛化、标签化的现象依然存在；教条主义、实用主义、主观主义对待马克思主义的倾向依然存在；建设以马克思主义为指导的学科体系、学术体系、话语体系上还需下更大功夫；用党的创新理论武装全党、教育人民需要进一步深化细化；等等。这些问题，都需要在理论与实践的结合上下大力气解决。

在新时代，坚持和巩固马克思主义指导地位，最重要的就是深入全面学习贯彻习近平新时代中国特色社会主义思想这一当代中国马克思主义、21世纪马克思主义。要按照学懂弄通做实的要求，密切结合新时代中国特色社会主义伟大实践，准确把握这一思想的理论逻辑、历史逻辑、实践逻辑，深刻把握精神实质、丰富内涵、核心要义、实践要求，系统完整地掌握科学体系、巨大贡献、历史地位，深刻体悟贯穿其中的马克思主义立场观点方法，不断增进对这一思想的政治认同、思想认同、情感认同。全面贯彻落实习近平新时代中国特色社会主义思想，必须持续推进、不断深入，建立健全理论武装的体制机制和工作体系。提升工作科学化、规范化水平，完善学习教育、研究阐释、宣传普及等方面制度机制，做好"进课堂、进教材、进头脑"工作。重点抓好领导干部学习，完善党委（党组）理论学习中心组等各层级学习制度。丰富和创新学习内容形式，建设和用好网络学习平台。大力推进习近平新时代中国特色社会主义思想研究中心建设，推出深度理论阐释的精品力作。

党的二十大报告指出，不断谱写马克思主义中国化时代化新篇章，是当代中国共产党人的庄严历史责任。坚持和发展马克思主义是中国共产党人的政治责任，是坚持和发展中国特色社会主义的理论前提。

## 三、加强思想理论武装

中国共产党是高度重视理论思维的马克思主义政党，一部党的奋斗史，就是一部马克思主义基本原理同中国具体实际相结合、同中华优秀传统文化相结合的历史，就是一部不断用党的创新理论成果进行思想理论武装的历史。

理论武装与理论创新紧密衔接，理论创新每前进一步，理论武装就要跟进一步。理论创新是理论武装的前提和基础，没有科学的理论创新，就不会有正确的理论武装，理论武装则是理论创新用以指导实践的桥梁，只有用马克思主义中国化时代化最新成果促进全党统一思想、统一意志，才能统一行动、推动工作。理论创新没有止境，理论武装也没有止境。

百余年来，不断强化的思想理论武装工作，是党能够以"中国化时代化的马克思主义"指导实践取得一次又一次胜利的根本所在。党的一大时，就提出了"教育工人，使他们在实践中去实现共产党的思想"的任务。思想理论武装贯穿党的全部历史发展当中，为党完成中国其他各种政治力量不可能完成的艰巨任务，提供了推进革命、建设和改革发展的科学方法、战略。

加强思想理论武装工作，要坚持用习近平新时代中国特色社会主义思想武装头脑、统一思想、指导行动。坚持不懈用习近平新时代中国特色社会主义思想凝心铸魂，是新时代党的思想建设的根本任务。要坚持全面系统学、及时跟进学、深入思考学、联系实际学，深刻全面把握其时代背景、主要观点、理论逻辑和实践要求，不断增强政治自觉、情感依归、行为主动。要坚持读原著、学原文、悟原理，突出针对性，增强实效性。要在全面学习、全面把握、全面落实上下功夫，把习近平新时代中国特色社会主义思想落实到经济社会发展各方面。

加强思想理论武装工作，要坚持以科学世界观、方法论教育党员干部。推进实践基础上的理论创新，首先要把握运用好习近平新时代中国特色社会主义思想的世界观和方法论，把握运用好贯穿其中的立场、观点和方法。要坚持人民至上、坚持自信自立、坚持守正创新、坚持问题导向、坚持系统观念、坚持胸怀天下，深入领会习近平新时代中国特色社会主义思想的道理学理哲理，用这些经过实践检验的科学方法，作为想问题、作决策、办事情的重要遵循，作为判断大是大非的重要依据，作为提高执政水平的重要指引，做到知其言更知其义，知其然更知其所以然，切实用以武装头脑、指导实践、推动工作。

## 四、应对意识形态斗争

国际共产主义运动的历史经验告诉我们，如果在意识形态上出了问题，就会前功尽弃，甚至造成失败，这是有非常惨痛教训的。苏联共产党曾是一个成立了近百年的党，苏联是有近七十年历史的国家，但是垮塌却在一夜之间。苏联解体的原因是多方面的，其中一个重要原因是意识形态领域的问题。近年来，西亚北非一些国家发生政权更迭，虽然有其自身的民族矛盾、宗教矛盾和社会矛盾因素，但其背后却有着鲜明的西方国家意识形态渗透的影子。

美国前总统尼克松在《1999不战而胜》一书中写道："当有一天中国的年轻人已经不再相信他们老祖宗的教导和他们的传统文化，我们美国人就不战而胜了。"今天，伴随着中国举世瞩目的发展进步，中国的国际地位和影响也日益扩大，但敌对势力仍抱着冷战思维不放，从来没有也不愿意认可中国的政治制度，把中国的崛起视为对西方制度模式和价值观的威胁和挑战。他们利用其掌握的网络资源和技术优势，鼓吹所谓"网络自由"，加紧通过互联网对我国进行意识形态渗透。境内外敌对势力在网上相互呼应，恶意抹黑中国的国家形象、政府形象和社会基本面，起劲地"唱衰"中国。中国将长期面临西方遏制、促变的压力，如果听任这些言论大行其道，势必搞乱民心，危及社会和谐稳定和国家政权安全。

必须牢牢掌握党对意识形态工作的领导权，做到党性与人民性高度统一，确保意识形态工作的正确方向，守住守好意识形态安全的底线红线。宣传思想文化工作必须始终坚持正确的政治方向，绝不能在旗帜、方向和道路等根本性问题上犯颠覆性错误。要坚持政治家办报、办刊、办台、办新闻网站，始终围绕中心、服务大局，不能被意识形态领域的杂音和噪声所蛊惑。要坚持马克思主义在意识形态领域的指导地位，持续加强对马克思主义中国化时代化最新成果的研究阐释，坚持不懈用党的创新理论武装头脑、指导实践、推动工作。

中国共产党是敢于斗争、敢于胜利的伟大政党。打赢意识形态领域斗争主动仗，夺取意识形态领域斗争新胜利，必须坚持党的领导。党员、干部要从自身做起，深化思想认识，强化使命担当，落实意识形态工作责任制，切实把意识形态工作放在心上、扛在肩上、抓在手上，当好意识形态工作的领导者、推动者、执行者。每一名党员、干部特别是从事意识形态工作的领导干部，都要牢固树立抓意识形态工作是本职、不抓是失职、抓不好是渎职的理念，坚持有错必纠、有责必问，强化问责刚性约束，真正把意识形态工作的规矩立起来、挺起来，确保意识形态工作责任落实到位，确保意识形态工作领导权始终掌握在忠于党、忠于人民、忠于马克思主义的人手中。进行意识形态领域斗争，就要同危害中国共产党领导和我国社会主义制度的各种风险挑战，危害我国主权、安全、发展利益的各种风险挑战，危害我国核心利益和重大原则的各种风险挑战，危害我国人民根本利益的各种风险挑战，危害我国实现"两个一百年"奋斗目标、实现中华民族伟大复兴的各种风险挑战作斗争。把实现好、维护好、发展好最广大人民根本利益作为工作的出发点和落脚点，不断增强人民群众的政治认同、思想认同、理论认同、情感认同。

## 五、塑造良好网络生态

随着网络技术的深度发展，网络空间日益成为重要的意识形态阵地。中国互联网络信息中心（CNNIC）发布的第53次《中国互联网络发展状况统计报告》显示，截至2023年12月，我国网民规模达10.92亿人，较2022年12月新增网民2480万人，互联网普及率达77.5%。党的十八大以来，党中央高度重视网络意识形态工作，习近平总书记强调："没有网络安全就没有国家安全，没有信息化就没有现代化，网络安全和信息化事关党的长期执政，事关国家长治久安，事关经济社会发展和人民群众福祉，过不了互联网这一关，就过不了长期执政这一关，要把网信工作在党和国家事业全局中来谋划，切实加强党的集中统一领导。"[1]

网信事业发展必须贯彻以人民为中心的发展思想，把增进人民福祉作为信息化发展的出发点和落脚点，让亿万人民在共享互联网发展成果上有更多获得感。网络信息来源一定要可靠，网络参与一定要有序，网络管理一定要及时到位。让网络造福社会，让网络为人民服务，依靠人民管好网络，走好新时代网上群众路线。"要坚持发展和治理相统一、网上和网下相融合，广泛汇聚向上向善力量。"[2]

网络不是法外之地，网络规范化管理才能健康发展。推进网络依法治理是提升网络治理能力的核心环节。首先，要做到网络治理有法可依，要适应互联网科技迅猛发展的大势，强化前瞻性、可操作性与现实针对性，及时出台相关管理法规，为网络意识形态治理提供有力的法律支撑。其次，要让网络治理有法必依，依法管网、依法办网、依法上网，加大网络法律的司法和执行力度，做到违法必究，确保互联网在法治轨道上健康运行。最后，要全面增强网络法治意识，网络参加者和管

---

1　《习近平著作选读》第2卷，人民出版社2023年版，第147页。
2　《习近平谈治国理政》第4卷，外文出版社2022年版，第319页。

理者都能更加自觉地学习和增强按法律办事的自觉意识，加强全方位监督。

网络空间是亿万民众共同的精神家园，网络生态的好坏直接关系到网络意识形态安全。由于网络技术的发展，网络空间比较复杂。构建网上网下同心圆，加速网上网下媒体融合管理，成为重要任务。要把握好传统媒体和新兴媒体的各自优势，下大力气实现优化整合，打通网上网下，推动信息内容、技术应用、平台终端、人才队伍等共享融通，打造一批具有强大传播力、引导力、影响力、公信力的新型主流媒体，助力主流意识形态正常发声，消除空白地带，促进网络生态不断改善。实践中要注意区分"三个地带"，即红色地带、黑色地带和灰色地带，坚决守住红色地带，抓准一切有利机会扩大红色地带，切实做到一支笔就是一个阵地，一个人就是一支队伍。应认清黑色地带主要是负面的东西，敢于亮剑，大大压缩其地盘；灰色地带要大张旗鼓争取，使其最大程度转化为红色地带。

# 第八章　文化自信的实践路径如何定位？

文化自信不能成为口号式空谈，而要切实转化为实践的动力和效果。增强文化自信，必须坚持走实走好中国特色社会主义文化发展道路，在正确的道路上全面深入推进文化建设实践。

## 一、坚持为人民服务、为社会主义服务

1942年5月，毛泽东同志亲自主持召开了延安文艺座谈会，会上指出："一切革命的文学家艺术家只有联系群众，表现群众，把自己当作群众的忠实的代言人，他们的工作才有意义。只有代表群众才能教育群众，只有做群众的学生才能做群众的先生。"[1]毛泽东同志的讲话，充分阐述了文艺源与流的关系、普及与提高的关系、文艺与政治的关系、文艺批评的政治标准与艺术标准的关系，也批评了一些错误思想。这是毛泽东同志第一次这样公开集中地阐发自己的文艺思想，打开了延安

---

[1] 《毛泽东选集》第3卷，人民出版社1991年版，第864页。

文艺的新局面，也为广大文艺工作者开辟了文艺创作的新天地。这也成为发展社会主义文化的基本原则。

社会主义文化代表了当今世界的文化发展趋势，是化解资本主义文化危机、解决当代世界文化焦虑的法宝，也是引领人们建设社会主义社会的精神动力，更是产生真正具有世界先进性文化成果的关键所在。社会主义先进文化根植于民族文化的土壤，蕴含在具体的民族文化之中。中国特色社会主义文化源自中华民族五千多年文明历史所孕育的中华优秀传统文化，熔铸于党领导人民在革命、建设、改革中创造的革命文化和社会主义先进文化，是面向现代化、面向世界、面向未来的，民族的科学的大众的社会主义文化。当前，以美国为首的西方敌对势力大打意识形态的"软实力""巧实力"战争，大打文化争夺战，以实现对中国和其他社会主义国家"和平演变""颜色革命""战略遏制"的战略意图，我们要增强中华文化的吸引力、引导力和影响力。马克思主义与中华优秀传统文化作为中国特色社会主义文化的重要组成部分，其最佳结合必将提升中华文化的整体实力，推动中华文化更好地走向世界。

社会主义文化，从本质上讲，是为人民服务的文化。毛泽东同志在延安文艺座谈会上指出："为什么人的问题，是一个根本的问题，原则的问题。"[1]邓小平同志说："我们的文艺属于人民"，"人民是文艺工作者的母亲"。[2]江泽民同志要求广大文艺工作者"在人民的历史创造中进行艺术的创造，在人民的进步中造就艺术的进步"[3]。胡锦涛同志强调："只有把人民放在心中最高位置，永远同人民在一起，坚持以人民为中心的

---

1 《毛泽东选集》第3卷，人民出版社1991年版，第857页。
2 《邓小平文选》第2卷，人民出版社1994年版，第209、211页。
3 中共中央文献研究室编：《十四大以来重要文献选编》(下)，人民出版社1999年版，第2188页。

创作导向，艺术之树才能常青。"[1]

习近平总书记对为什么要坚持"二为"、如何坚持"二为"作出了全面阐述：人民既是历史的创造者、也是历史的见证者，既是历史的"剧中人"、也是历史的"剧作者"。文艺要反映好人民心声，就要坚持为人民服务、为社会主义服务这个根本方向。这是党对文艺战线提出的一项基本要求，也是决定我国文艺事业前途命运的关键。只有牢固树立马克思主义文艺观，真正做到了以人民为中心，文艺才能发挥最大正能量。以人民为中心，就是要把满足人民精神文化需求作为文艺和文艺工作的出发点和落脚点，把人民作为文艺表现的主体，把人民作为文艺审美的鉴赏家和评判者，把为人民服务作为文艺工作者的天职。[2]

## 二、坚持百花齐放、百家争鸣

我们党一贯重视精神文化领域的繁荣发展，以精神文化的引导为事业提供动力和支撑。1942年5月2日下午，在火热的抗日战争大潮中，毛泽东同志主持的延安文艺座谈会开幕，先后开了三次大会和多次分组会议，到5月23日晚上结束。在5月2日的会议上，毛泽东同志在"引言"中说：我们有两支军队，一支是朱（即朱德）总司令的，一支是鲁（即鲁迅）总司令的，即"手里拿着枪的军队"和"文化的军队"。这次会议之后，延安和各地涌现了很多优秀的文艺作品，为战争时期振奋

---

1　中共中央文献研究室编：《十七大以来重要文献选编》（下），中央文献出版社2013年版，第618页。
2　习近平：《在文艺工作座谈会上的讲话》，《人民日报》2015年10月15日。

人心、驱动斗志起到了重要作用。

"双百"方针是"百花齐放、百家争鸣"方针的简称，是1956年4月党中央在讨论十大关系的过程中确定的繁荣和发展社会主义科学和文化事业的重要指导方针。4月28日，毛泽东同志在中央政治局扩大会议上提出"百花齐放、百家争鸣"，即艺术问题上百花齐放，学术问题上百家争鸣。5月2日，毛泽东同志在最高国务会议上正式宣布将"百花齐放、百家争鸣"作为党发展科学、繁荣文学艺术的指导方针。

1956年5月26日，按照党中央的要求，中央有关部门负责人向科学和文化艺术工作者系统地说明和阐述了"双百"方针，指出，党中央所主张的"百花齐放、百家争鸣"，是提倡在文学艺术和科学研究工作中有独立思考和辩论的自由，有创作和批评的自由，有发表自己意见、坚持自己意见和保留自己意见的自由，是提倡建立在科学基础上的学术论争。同时，文化艺术和科学工作者要学习马克思列宁主义，要以马克思列宁主义的科学理论作为我们各项事业，包括科学和文化事业的指导。

1957年2月，毛泽东同志在《关于正确处理人民内部矛盾的问题》的讲话和同年3月在中国共产党全国宣传工作会议上的讲话中，进一步系统地论述了"双百"方针。他明确宣布，这是一个基本的、长期的方针，不是一个暂时性的方针。

"百花齐放、百家争鸣"的方针，是促进艺术发展和科学进步的方针，是促进我国的社会主义文化繁荣的方针。艺术上不同的形式和风格可以自由发展，科学上不同的学派可以自由争论。[1]

---

1　中共中央文献研究室编：《毛泽东文集》第7卷，人民出版社1999年版，第229页。

"双百"方针的明确提出和推行，反映了社会主义国家繁荣文化艺术、发展科学技术的时代要求，反映了当时政治日益稳定、经济日益发展、人民更加团结、社会不断进步的整体形象，反映了党中央和毛泽东同志的信心。一经提出，立即在知识文化界引起强烈反响，促使学术文化事业出现生气勃勃的发展景象。

1957年，反右派斗争扩大化，使"双百"方针的贯彻受到了干扰和损害。1961年、1962年，党中央先后制定了科学、教育、文艺等方面的工作条例草案，纠正违背"双百"方针的错误。但是，在"文化大革命"中，"左"的影响占据主导，这一方针受到了严重破坏。

党的十一届三中全会以后，党认真总结了贯彻执行"双百"方针的经验教训，在把工作中心转到经济建设的同时重视文化事业发展，更加自觉地、坚定不移地贯彻落实"双百"方针。1979年10月，邓小平向中国文学艺术工作者第四次代表大会祝词，强调文艺"要继续坚持毛泽东同志提出的文艺为最广大的人民群众、首先为工农兵服务的方向，坚持百花齐放、推陈出新、洋为中用、古为今用的方针"[1]。

我们要永远坚持百花齐放、百家争鸣的方针。但是，这不是说百花齐放、百家争鸣可以不利于安定团结的大局……我们坚持安定团结，坚持四项基本原则，同坚持"双百"方针，是完全一致的。[2]

1986年9月28日，党的十二届六中全会通过的《中共中央关于社会主义精神文明建设指导方针的决议》指出："必须坚决执行'百花齐放、百家争鸣'的方针，支持和鼓励以科学研究为基础的大胆探索和自由争

---

1　《邓小平文选》第2卷，人民出版社1994年版，第210页。
2　《邓小平文选》第2卷，人民出版社1994年版，第256页。

论，使马克思主义的理论研究大大活跃起来，使各项决策建立在更加民主和科学的基础之上。"[1] 1996年10月10日，党的十四届六中全会通过的《中共中央关于加强社会主义精神文明建设若干重要问题的决议》指出："要坚持为人民服务、为社会主义服务的方向，贯彻百花齐放、百家争鸣的方针，弘扬主旋律，提倡多样化。"[2] 2011年10月18日，党的十七届六中全会通过的《中共中央关于深化文化体制改革推动社会主义文化大发展大繁荣若干重大问题的决定》指出："必须全面贯彻为人民服务、为社会主义服务的方向和百花齐放、百家争鸣的方针，立足发展先进文化、建设和谐文化，激发文化创作生产活力，提高文化产品质量，发挥文化引领风尚、教育人民、服务社会、推动发展的作用。"[3]

党的十八大以来，以习近平同志为核心的党中央坚持推动文艺工作创新和发展，努力全面建设社会主义文化强国。2015年10月3日，《中共中央关于繁荣发展社会主义文艺的意见》颁布。以此文件为指导，地方也纷纷出台了繁荣当地社会主义文艺的政策和措施。

百花齐放是对文艺创作成果多样化、丰富化的期盼，百家争鸣是对文艺创作环境健康合理的引导。二者的结合已经成为党的文艺事业长期繁荣发展的重要法宝，反映了党对文艺工作的规律性认识。坚持"双百"方针，充分发扬学术民主和艺术民主，充分调动文化工作者的积极性、主动性和创造性，才能鼓励解放思想、大胆探索，推动观念、内

---

1　中共中央文献研究室编：《十二大以来重要文献选编》（下），人民出版社1988年版，第1187页。

2　《中共中央关于加强社会主义精神文明建设若干重要问题的决议》，人民出版社1996年版，第16页。

3　《中共中央关于深化文化体制改革推动社会主义文化大发展大繁荣若干重大问题的决定》，人民出版社2011年版，第17页。

容、风格、流派切磋互鉴，有效地引导创作、推出精品、提高审美、引领风尚，不断焕发文化生命力、创造力。要坚持百花齐放、百家争鸣的方针，发扬学术民主、艺术民主，营造积极健康、宽松和谐的氛围，提倡不同观点和学派充分讨论，提倡体裁、题材、形式、手段充分发展，推动观念、内容、风格、流派切磋互鉴。[1]党的二十大报告也强调了"双百"方针，提出"要站稳人民立场、把握人民愿望、尊重人民创造、集中人民智慧，形成为人民所喜爱、所认同、所拥有的理论，使之成为指导人民认识世界和改造世界的强大思想武器"，"坚持以人民为中心的创作导向，推出更多增强人民精神力量的优秀作品，培育造就大批德艺双馨的文学艺术家和规模宏大的文化文艺人才队伍"。[2]

## 三、坚持创造性转化、创新性发展

现实从来离不开历史的传统。马克思指出："人们自己创造自己的历史，但是他们并不是随心所欲地创造，并不是在他们自己选定的条件下创造，而是在直接碰到的、既定的、从过去承继下来的条件下创造。一切已死的先辈们的传统，像梦魇一样纠缠着活人的头脑。"[3]

在如何对待传统文化这个问题上，我们党的认识是十分清晰、非常明确的，所采取的态度是贯通始终、坚持如一的，这就是：去除糟

---

1　习近平：《在文艺工作座谈会上的讲话》，《人民日报》2015年10月15日。
2　《习近平著作选读》第1卷，人民出版社2023年版，第16、37页。
3　《马克思恩格斯选集》第1卷，人民出版社1995年版，第585页。

粕、取其精华，古为今用、推陈出新。毛泽东同志指出，对我们的历史文化，要剔除其封建性的糟粕，吸收其民主性的精华，决不能无批判地兼收并蓄。习近平总书记强调，要有鉴别地加以对待，有扬弃地予以继承，要坚持历史唯物主义立场，坚持古为今用，去粗取精，去伪存真，因势利导，深化研究，使其在新的时代条件下发挥积极作用。党的十八大以来，习近平总书记曾反复强调中华优秀传统文化是中华民族的突出优势，必须结合新的时代条件传承和弘扬好；坚持古为今用、推陈出新，有鉴别地加以对待，有扬弃地予以继承；使中华民族最基本的文化基因与当代文化相适应、与现代社会相协调，把跨越时空、超越国界、富有永恒魅力、具有当代价值的文化精神弘扬起来。

2014年2月24日，在主持十八届中央政治局就培育和弘扬社会主义核心价值观进行第十三次集体学习时的讲话中，习近平总书记首次把中华优秀传统文化整体性地作为创造性转化、创新性发展的对象，强调弘扬中华优秀传统文化，要处理好继承和创造性发展的关系，重点做好创造性转化和创新性发展。习近平总书记对创造性转化和创新性发展的具体内涵作出界定：创造性转化，就是要按照时代特点和要求，对那些至今仍有借鉴价值的内涵和陈旧的表现形式加以改造，赋予其新的时代内涵和现代表达形式，激活其生命力；创新性发展，就是要按照时代的新进步新进展，对中华优秀传统文化的内涵加以补充、拓展、完善，增强其影响力和感召力。做好这两个方面，对于传统文化在新的历史条件下发挥好作用具有重要作用。

习近平总书记还指出："对传统文化中适合于调理社会关系和鼓励人们向上向善的内容，我们要结合时代条件加以继承和发扬，赋予其新的涵义。"[1]中华优秀传统文化蕴含着丰富的哲学思想、人文精神、教化思想、道德理念等，对于推进社会主义文化强国建设、提高国家文化软实力具有重要意义。例如，革故鼎新、与时俱进、道法自然、天人合一等思想，可以为人们认识和改造世界提供有益启迪，可以为治国理政提供有益借鉴。又如，崇德向善、孝悌忠信、礼义廉耻等观念，体现着评判是非曲直的价值标准，潜移默化地影响着中国人的行为方式。新时代，深入挖掘和阐发中华优秀传统文化的时代价值，需要把中华优秀传统文化的精神标识提炼出来，把中华优秀传统文化中具有当代价值、世界意义的文化精髓提炼出来，将其转化为人们的精神追求和行为习惯，让中华民族最基本的文化基因与当代文化相适应、与现代社会相协调。

推动中华优秀传统文化创造性转化、创新性发展，使其与现代社会相协调、与人们精神文化需求相契合，需要在创新表达形式上下功夫，以人们喜闻乐见的形式把中华优秀传统文化推广开来、传承下去。一方面，让表达形式和传播渠道跟上时代发展。适应群众的文化需求、审美情趣、生活习惯，通过文学、美术、音乐、电影等各种形式，运用报刊、电台、电视台、互联网等各种载体，借助文化馆、博物馆、群艺馆、美术馆等各种机构，大力弘扬中华优秀传统文化，有效吸引群众、感染群众，让群众在潜移默化中受到中华优秀传统文化的熏陶。另一方面，增强人民群众的参与感、认同感、获得感，营造有利于传承弘扬中华优秀传统文化的良好社会氛围。比如，面向基层、面向大众，深入实施中国传统节日振兴工程，加强礼仪教育，挖掘和整理家训家书，开展节俭养德全民行动等文化活动，让人民群众在实践中体悟中华优秀传统

---

1　《习近平著作选读》第1卷，人民出版社2023年版，第278页。

文化，不断增强对中华优秀传统文化的认同感。

2017年1月，中共中央办公厅、国务院办公厅印发了《关于实施中华优秀传统文化传承发展工程的意见》，提出了原则要求和任务举措，阐述了基本途径、主要措施、重点工作，从组织领导、政策保障、法治环境、社会参与等方面，对传承发展中华优秀传统文化作出系统部署和制度性安排。我们要按照党和国家一系列政策要求，在建立机制体系、创造社会环境、优化政策举措、制定规范准则等方面用力，进一步完善制度政策法规体系。要遵循党和国家的制度政策法规，在具体做法上进行探索创新，推出切合实际的传承模式，如打造传统文化体验平台，推行经典阅读、礼仪普及、大众讲座等，以加大实践养成力度。

要坚持古为今用、推陈出新，善于从中华优秀传统文化中寻找源头活水，认真汲取贯穿其中的思想精华和道德精髓，不断赋予其鲜明时代价值和强大生命力，丰富人民群众精神世界。坚持潜移默化、入脑入心，持续用中华优秀传统文化熏陶群众、感染群众、教育群众。开展系列文化活动，充分发挥主流媒体作用和新兴媒体传播优势，推动更多优秀传统文化融入群众生产生活、贯穿国民教育始终，成为人民群众日用而不觉的价值理念。

中华民族一直以来是一个兼容并蓄、海纳百川的民族，善于学习其他文明的优点，汲取其他文化的养分。推动中华优秀传统文化创造性转化、创新性发展，要秉持开放包容的态度，坚持马克思主义中国化时代化，传承发展中华优秀传统文化，促进外来文化本土化，不断培育和创造新时代中国特色社会主义文化。要科学对待世界各国文化，以博大的胸怀，更加广泛地开展同各国文化的交流，在不断汲取各种文明的养分中丰富和发展中华文化，结合时代条件，展现中华文化的时代风采。

## 四、广泛践行社会主义核心价值观

大型话剧《英雄儿女》改编自巴金小说《团圆》及长春电影制片厂拍摄的同名电影，讲的是上海籍志愿军战士王成、王芳兄妹相继奔赴抗美援朝战场英勇战斗，王成壮烈牺牲后，王芳在战场上与养父王复标、生父王文清重逢和团圆的感人故事。那是一段特殊的岁月，中国人民志愿军在极不对称、极为艰苦的条件下，敢于牺牲，全力鼓舞精神斗志，以"钢少气多"力克"钢多气少"，打破了美军不可战胜的神话，谱写了一曲曲惊天地泣鬼神的英雄赞歌，锻造出荡气回肠的伟大抗美援朝精神。中国共产党历史上，书写着无数这样的"精神密码"故事。

推进强国建设、民族复兴伟业，既需要强大的物质力量，也需要强大的精神力量和价值支撑。党的二十大报告将"丰富人民精神世界"作为中国式现代化的本质要求之一。推进中国式现代化进程，必须把促进物的全面丰富与精神的富裕、人的全面发展有机统一起来，在不断夯实物质基础、实现物质富裕的同时，不断坚持弘扬正确的价值观，更加满足人民精神需求、丰富人民精神世界、增强人民精神力量。

新征程上，世界百年未有之大变局复杂交织演化，以中国式现代化推进中华民族伟大复兴进入关键时期，各种战略机遇和风险挑战同时存在，国内外形势暗含意想不到的风高浪急，我们不得不随时准备进行新的伟大斗争，也就比任何时候都更加需要"雄健的精神"。只有在精神上、思想状态上准备得足够充分，在价值理念、价值目标、价值内容上认清校准，才能在复杂局面下保持定力、凝聚最大社会共识、形成最强动力，不断在克服困难中前进。

价值观是人们在价值选择上的系统看法。核心价值观是一个国家共同的思想道德基础，承载着一个民族、一个国家的精神追求。积极培育和践行社会主义核心价值观，对于纠正各种价值偏向，对于巩固马克思主义在意识形态领域的指导地位、巩固全党全国人民团结奋斗的共同思想基础，对于坚持和发展中国特色社会主义，对于促进人的全面发展、实现社会理想，具有重要现实意义和深远历史意义。新中国成立后，我们党逐步确立了以马克思主义为指导思想的社会主义意识形态，为社会主义核心价值体系建设奠定了政治前提和物质文化基础。改革开放以来，我国对社会主义意识形态建设不断进行新的探索，提出了从建设社会主义核心价值体系到以"三个倡导"为内容，积极培育和践行社会主义核心价值观的重要论断和战略任务。2006年10月，党的十六届六中全会通过的《中共中央关于构建社会主义和谐社会若干重大问题的决定》，第一次明确提出了"建设社会主义核心价值体系"这个重大命题和战略任务，强调社会主义核心价值体系包括四个方面的基本内容：马克思主义指导思想、中国特色社会主义共同理想、以爱国主义为核心的民族精神和以改革创新为核心的时代精神、社会主义荣辱观。2012年11月，党的十八大报告明确提出"三个倡导"：倡导富强、民主、文明、和谐，倡导自由、平等、公正、法治，倡导爱国、敬业、诚信、友善，积极培育社会主义核心价值观。这是对社会主义核心价值观的最新概括。2013年12月，中共中央办公厅印发了《关于培育和践行社会主义核心价值观的意见》，明确提出社会主义核心价值观是社会主义核心价值体系的内核，体现着社会主义核心价值体系的根本性质和基本特征，反映着社会主义核心价值体系的丰富内涵和实践要求，是社会主义核心价值体系的高度凝练和集中表达。

2022年4月，习近平总书记在考察中国人民大学时强调，广大青年要做社会主义核心价值观的坚定信仰者、积极传播者、模范践行者，向英雄学习、向前辈学习、向榜样学习，争做堪当民族复兴重任的时代新人，在实现中华民族伟大复兴的时代洪流中踔厉奋发、勇毅前进。2023年，习近平总书记对宣传思想文化工作作出重要指示时，明确要求着力培育和践行社会主义核心价值观。

党的十八大以来，习近平总书记就建设社会主义核心价值体系、培育和践行社会主义核心价值观提出了一系列新思想新观点新论断，深刻阐明了社会主义核心价值观的重大意义、科学内涵和实践要求，极大深化了我们对社会主义文化建设规律的认识，极大丰富发展了马克思主义文化理论，为我们坚定文化自信、建设文化强国提供了根本遵循。

社会主义核心价值观，既是中国特色社会主义伟大实践在精神层面的结晶，也是中华文明长期滋养的结果。在中华民族五千多年的文明发展过程中，形成了讲仁爱、重民本、守诚信、崇正义、尚和合、求大同的价值传统，形成了以"仁义礼智信"等为主要内容的核心价值观。这些价值传统和价值观念成为中国人生存和发展的道德规约，成为维系中华文明世代延续的精神内核。历史走入当代，社会主义核心价值观作为当代中国的主流价值观念，把涉及国家、社会、公民的价值要求融为一体，既体现了社会主义本质要求，继承了中华优秀传统文化，也吸收了世界文明有益成果，体现了时代精神，反映着当代中国社会发展进步的方向，是实现中华民族伟大复兴中国梦，增强中国人民道路自信、理论自信、制度自信的精神基础和根本保障。

党的二十大报告指出，"社会主义核心价值观是凝聚人心、汇聚民力的强大力量。弘扬以伟大建党精神为源头的中国共产党人精神谱系，用好红色资源，深入开展社会主义核心价值观宣传教育"，"用社会主义核心价值观铸魂育人"，"把社会主义核心价值观融入法治建设、融入社会发展、融入日常生活"。[1] 2021 年，党史学习教育动员大会上，习近平总书记明确提出"中国共产党人精神谱系"这一重要论断："在一百年的非凡奋斗历程中，一代又一代中国共产党人顽强拼搏、不懈奋斗，涌现了一大批视死如归的革命烈士、一大批顽强奋斗的英雄人物、一大批忘我奉献的先进模范，形成了井冈山精神、长征精神、遵义会议精神、延安精神、西柏坡精神、红岩精神、抗美援朝精神、'两弹一星'精神、特区精神、抗洪精神、抗震救灾精神、抗疫精神等伟大精神，构筑起了中国共产党人的精神谱系。"[2]

我国是个有着十四亿多人口、五十六个民族的大国，如果没有共同的核心价值观，很容易成为一盘散沙。任何一种文化要立起来、强起来，从根本上说，取决于凝结和贯穿其中的核心价值观的生命力、引领力。社会主义核心价值观植根于中华文化沃土，熔铸于我们党领导人民长期奋斗的伟大实践，培育和践行社会主义核心价值观，就是要引领全国各民族人民勠力同心，为共同的理想价值而团结奋斗，最终汇聚起实

---

1 《习近平著作选读》第 1 卷，人民出版社 2023 年版，第 36 页。
2 《习近平著作选读》第 2 卷，人民出版社 2023 年版，第 423—424 页。

现中华民族伟大复兴的中国力量。

早在2014年2月,习近平总书记就强调,要注意把我们所提倡的与人们日常生活紧密联系起来,在落细、落小、落实上下功夫。要按照社会主义核心价值观的基本要求,健全各行各业规章制度,完善市民公约、乡规民约、学生守则等行为准则,使社会主义核心价值观成为人们日常工作生活的基本遵循。要润物细无声,运用各类文化形式,生动具体地表现社会主义核心价值观,用高质量高水平的作品形象地告诉人们什么是真善美,什么是假恶丑,什么是值得肯定和赞扬的,什么是必须反对和否定的。我国是一个文明古国和文化资源大国,在中华民族的历史长河中,逐步形成了由中华优秀传统文化、革命文化和社会主义先进文化构成的中国特色社会主义文化。要创造形式多样的文艺作品,传承弘扬中华优秀传统文化、革命文化和社会主义先进文化所蕴含的理想信念、价值理念和道德观念,让国人在欣赏丰富多彩的文艺作品的过程中,受到精神洗礼。

## 五、激发全民族文化创新创造活力

中华文明延续着我们国家和民族的精神血脉,既需要薪火相传、代代守护,也需要与时俱进、推陈出新。在新时代新征程,要重视激发全民族文化创新创造活力。创新性是中华文化的重要特征,中华文化史可以说就是一部文化创新史。新时代中国正经历着我国历史上最为广泛而深刻的社会变革,也正在进行着人类历史上最为恢宏深刻的实践改造,这也为文化创新提供了强大动力和广阔空间。

中国现代化是以人民为中心的现代化，始终以人民为宗旨、以人民为依靠。文化建设和文化创造力的激发，依靠广大人民群众的主体性，需要人民群众的自觉参与和主动创新。要充分激发人民群众的主体性和创造力，让人民群众成为参与主体和享受主体，最大限度发挥人民群众的聪明才智，创新参与渠道和形式，从各个层面、各个维度推进精神文化成果的丰富，进一步深化文化体制改革，推动中国特色社会主义先进文化的深度广泛建构与发展。

文化创新力的培育提高需要开放包容的社会环境，允许创新、敢于创新、善于创新。尤其是在我国市场经济深化发展的时代环境下，文化理念、文化追求多样化差异化，对文化生产方式提出了新要求，只有坚持文化的多样性，让各种社会文化思潮进行有效的碰撞、交流与对话，才能有效激发出文化创造灵感，涌现出更优秀的社会文化产品，促进新时代文化的多样化发展。这就要随着人民对美好生活需要的日益广泛追求，以创新精神推动全社会多样化、多层次的文化生活，促进文化相融、共生、互动、发展。

文化创新需要手段的创新。当前，科技进步对文化创新的驱动作用越来越强，文化与科技的联系日益紧密。信息技术革命正加速向经济社会各领域广泛渗透，为人民生活提供了新平台、新渠道，也为文化繁荣发展创造了新载体、新平台。要善于正确运用新的技术、新的手段，激发创意灵感、丰富文化内涵、表达思想情感，使文艺创作呈现更有内涵、更有潜力的新境界。比如，运用虚拟现实、增强现实、混合现实等数字技术，对中华优秀传统文化进行时代化表达、多元化表达，推动文化场景拓展，能够更好展现中华文化的魅力韵味。

　　文化创新需要创作主体的培育。互联网技术和新媒体的不断发展改变了文艺形态，催生了一大批新的文艺类型，不能不带来文艺观念和文艺实践的深刻变化。计算机和网络技术等广泛应用，民营文化工作室、民营文化经纪机构、网络文艺社群等新的文艺组织大量涌现，网络作家、签约作家、自由撰稿人、独立制片人、独立演员歌手、自由美术工作者等新的文艺群体十分活跃。近年来，新文艺群体蓬勃成长、勇担使命，以习近平总书记对新时代文艺工作者的要求为指引，努力建设社会主义文化强国，在推动社会主义文艺繁荣发展、坚定文化自信等方面发挥了积极作用。

　　文化创新需要开放的眼光和胸襟。这样的开放，应当是全面的态度。习近平总书记指出："对丰富多彩的世界，我们应该秉持兼容并蓄的态度，虚心学习他人的好东西，在独立自主的立场上把他人的好东西加以消化吸收，化成我们自己的好东西，但决不能囫囵吞枣、决不能邯郸学步。"[1] "秉持开放包容，就是要更加积极主动地学习借鉴人类创造的一切优秀文明成果。"[2]

## 六、建设社会主义文化强国

　　党的二十大报告强调："全面建设社会主义现代化国家，必须坚持

---

1　习近平：《在庆祝全国人民代表大会成立六十周年大会上的讲话》，《求是》2019年第18期。
2　习近平：《在文化传承发展座谈会上的讲话》，《求是》2023年第17期。

中国特色社会主义文化发展道路，增强文化自信，围绕举旗帜、聚民心、育新人、兴文化、展形象建设社会主义文化强国。"[1]

2014年2月，习近平总书记在主持十八届中央政治局第十三次集体学习时首次提出文化自信。2016年11月，习近平总书记在中国文联十大、中国作协九大开幕式上的重要讲话中深刻指出，坚定文化自信，是事关国运兴衰、事关文化安全、事关民族精神独立性的大问题。党的十九大将文化自信纳入"坚持社会主义核心价值体系"基本方略，并写入党章，反映了全党全军全国各族人民的共同意志。2020年9月，习近平总书记在教育文化卫生体育领域专家代表座谈会上的重要讲话中对文化自信作出全面系统论述，强调要坚定文化自信，推动中华优秀传统文化创造性转化、创新性发展，继承革命文化，发展社会主义先进文化，不断铸就中华文化新辉煌，建设社会主义文化强国。2021年11月，党的十九届六中全会系统总结了新时代我国在文化建设上取得的重大成就，并将"文化自信明显增强"视为新时代文化建设的突出成就，反映了高度的文化自觉。党的二十大明确将"建成教育强国、科技强国、人才强国、文化强国、体育强国、健康中国"作为2035年基本实现现代化的奋斗目标。

党的十八大以来，以习近平同志为核心的党中央把文化建设提升到新的历史高度，把文化自信与道路自信、理论自信、制度自信并列为中国特色社会主义"四个自信"，把坚持马克思主义在意识形态领域指导地位的制度确立为中国特色社会主义制度体系的一项根本制度，把坚持社会主义核心价值体系纳入新时代坚持和发展中国特色社会主义的基本

1 《习近平著作选读》第1卷，人民出版社2023年版，第35页。

方略，社会主义文化强国建设取得历史性成就、发生历史性变革。

意识形态领域形势发生全局性、根本性转变。面对意识形态领域一些方面曾出现的错综复杂局面，以习近平同志为核心的党中央立破并举、激浊扬清，就意识形态领域许多方向性、战略性问题作出了全面规划部署，从制度上明确和坚持马克思主义在意识形态领域的指导地位，健全和推进意识形态工作责任制，要求全党共同动手抓宣传思想工作，旗帜鲜明反对和抵制各种错误观点，解决各种深层次问题。在全国宣传思想工作会议和文艺工作、党的新闻舆论工作、网络安全和信息化工作、哲学社会科学工作座谈会、全国高校思想政治工作会议等会议上，重申新形势下全面把握体现正确政治方向的重要性和具体要求，廓清了形势和问题，提出了针对性举措。牢牢坚持马克思主义指导地位，在党章和宪法中明确新时代的指导思想，推动用习近平新时代中国特色社会主义思想武装思想和行动，深化马克思主义理论研究和建设工程，加强中国特色哲学社会科学学科体系、学术体系、话语体系建设。这些从根本上扭转了意识形态领域一度出现的失语、边缘化等被动局面，为中国式现代化提供了理论基础。

社会主义核心价值观得到广泛切实弘扬。以习近平同志为核心的党中央高度重视社会主义核心价值观建设，着力以正面积极的导向引领人心，在改革发展过程中不断提高人们的思想道德觉悟，推动社会主义核心价值观的制度化规范化，营造崇尚榜样、追求高尚、维护诚信的社会氛围。扎实开展党史、新中国史、改革开放史、社会主义发展史教育，广泛开展中国特色社会主义和中国梦宣传教育，推动理想信念教育常态化制度化，引导人们树立正确的历史观、民族观、国家观、文化观，全面塑造正确的精神世界。推进公民道德建设、志愿服务建设、诚信社会建设、网络文明建设等，完善思想政治工作体系，开展社会主义核心价值观的群众性基层践行行动，全民道德水准和文明素养持续提升。

公共文化服务体系和文化产业体系发展更加健全均衡。以习近平同志为核心的党中央着力推动公共文化服务标准化、均等化，坚持政府主导、社会参与、重心下移、共建共享，不断提高基本公共文化服务的覆盖面和适用性，文化事业改革日益推进，切实保障和满足人民群众基本文化权益；抓好现代文化产业体系和市场体系建设，各类文化市场主体发展壮大，新型文化业态和文化消费模式得到培育，高质量文化供给更加到位。我国文化事业全面蓬勃发展，文化产业质效稳步提升，覆盖城乡的公共文化服务设施网络逐步健全，主要文化产品和文化服务规模明显增大，文化发展的全面性、协调性和可持续性不断彰显，全民族文化创造活力得到充分激发，文化追求和满足日益丰富高质。中国文化产业基于国家战略、文化传统和发展实际，追求各种形式的创新，加快丰富科技应用，形成了以文化、科技、人才、金融、治理为核心相互融合发展的新质生产力。

全社会凝聚力和向心力不断提升。以习近平同志为核心的党中央坚持把马克思主义基本原理同中国具体实际相结合、同中华优秀传统文化相结合，不断推动马克思主义中国化时代化，党的创新理论成果得到广泛深入学习实践，"四个意识""四个自信""两个确立"意识明显增强。实施中华优秀传统文化传承发展工程，中华优秀传统文化创造性转化、创新性发展得以推进，中华优秀传统文化更加深入人心。高度重视考古工作，深化中华文明探源工程，反对历史虚无主义，历史自信明显增强。

　　国家文化软实力、中华文化影响力明显提升。党的十八大以来，我们大力推动国际传播守正创新，厘顺内宣外宣体制，打造具有国际影响力的媒体集群，积极推动中华文化走出去，有效开展国际舆论引导和舆论斗争，初步构建起多主体、立体式的大外宣格局，我国国际话语权和影响力显著提升。主动加强国际传播，讲好中国故事、中国声音，人类命运共同体、"一带一路"等中国倡议，中华民族"和而不同""美美与共""天下太平"的价值追求，新时代中国的世界观、发展观、文明观、安全观、人权观、生态观、国际秩序观和全球治理观等，中国共产党治国理政的故事、中国人民奋斗圆梦的故事、中国坚持和平发展合作共赢的故事更多更好地为世人所知晓所认同，可信、可爱、可敬的新时代中国形象更加展现在整个世界面前，中国道理、中国智慧、中国成就获得了愈来愈多的朋友的支持理解。

　　在这一系列重大成就基础上，继续坚定文化自信，更加重视文化发展，全面繁荣社会主义文化，建设健康向上的社会主义精神文明，促进文化与其他各领域的协调共进，完善文化体制，一定能在中国式现代化进程中加快建成社会主义文化强国。

# 第九章 文化自信的崭新系统工程如何把握?

全面增强文化自信,是一项涉及各个领域、各个方面、各种要素的系统工程。在新征程,要聚合全社会力量,加大文化建设力度,努力建设社会主义文化强国。

## 一、更好担负起新的文化使命

中国共产党始终肩负着文化上的新使命,着力于建设与过往不同的新社会、新文化,为完成文化新使命而奋斗不息。2023年10月,习近平总书记对宣传思想文化工作作出重要指示,围绕在新的历史起点上,有新的文化使命,坚定文化自信,秉持开放包容,坚持守正创新……充分激发全民族文化创新创造活力,不断巩固全党全国各族人民团结奋斗的共同思想基础,不断提升国家文化软实力和中华文化影响力,为全面建设社会主义现代化国家、全面推进中华民族伟大复兴提供坚强思想保证、强大精神力量、有利文化条件。

我们党是具有高度文化自觉的党，既是中国先进文化的积极引领者和践行者，又是中华优秀传统文化的忠实传承者和弘扬者。中国共产党自成立之日起就把建设民族的科学的大众的中华民族新文化作为自己的使命，积极推动文化建设和文艺繁荣发展。1940年1月，毛泽东同志在陕甘宁边区文化协会第一次代表大会上发表题为《新民主主义的政治与新民主主义的文化》（后定名为《新民主主义论》）的演讲，指出："把一个被旧文化统治因而愚昧落后的中国，变为一个被新文化统治因而文明先进的中国……建立中华民族的新文化，这就是我们在文化领域中的目的。"[1]党的百年历史，既是波澜壮阔的不懈奋斗史、不怕牺牲史、理论探索史、为民造福史、自身建设史，也是成就辉煌的文化建设史、文化奋进史。一路走来，我们党团结带领中国人民勇担文化使命、推动文化建设，不断探索文化发展规律，最终走出了中国特色社会主义文化发展道路。

"文化是民族生存和发展的重要力量。人类社会每一次跃进，人类文明每一次升华，无不伴随着文化的历史性进步。"[2]中国式现代化是物质文明和精神文明相协调的现代化，物质富足、精神富有是社会主义现代化的根本要求。物质贫困不是社会主义，精神贫乏也不是社会主义。一个民族的复兴需要强大的物质力量，也需要强大的精神力量。更好担负起新时代新的文化使命，要求我们大力发展社会主义先进文化，加强理想信念教育，传承中华文明，促进物质文

---

1　《毛泽东选集》第2卷，人民出版社1991年版，第663页。
2　习近平：《在文艺工作座谈会上的讲话》，《人民日报》2015年10月15日。

明与精神文明的协调，促进物的全面丰富和人的全面发展，使社会主义中国处处充满着昂扬向上的力量。"举旗帜、聚民心、育新人、兴文化、展形象"，创造无愧于时代的新文化，中国共产党人才能在全面建设社会主义现代化强国和中华民族伟大复兴征程中砥砺前行，实现光荣梦想。

当今世界，文化的作用愈来愈突出。2023年6月7日，首届文化强国建设高峰论坛开幕，习近平总书记发来贺信，代表党中央表示热烈祝贺。他要求，更好担负起新的文化使命，坚定文化自信，秉持开放包容，坚持守正创新，激发全民族文化创新创造活力，不断促进人类文明交流互鉴，为强国建设、民族复兴注入强大精神力量。可以看出，在如何践行新的文化使命方面，习近平总书记多次强调坚定文化自信、秉持开放包容、坚持守正创新的要求。坚定文化自信，需要我们坚持走自己的路，立足中华民族伟大历史实践和当代实践，用中国道理总结好中国经验，把中国经验提升为中国理论，实现精神上的独立自主，把中国发展进步的命运牢牢掌握在自己手中。秉持开放包容，需要我们坚持马克思主义中国化时代化，传承发展中华优秀传统文化，促进外来文化本土化，不断培育和创造新时代中国特色社会主义文化，在深化文明交流互鉴中推动中华文化更好地走向世界。坚持守正创新，需要我们以守正创新的正气和锐气，处理好继承和创造性发展的关系，做好创造性转化和创新性发展，赓续历史文脉，谱写当代华章。

## 二、坚持文化主体性

所谓文化主体性，从文化内涵上看，是一个国家、一个民族文化所具有的内在质的规定性，这种质的规定性是构成其文化独特性质和发展道路的内在根据；从文化发展上看，主要表现为文化发展的人民性、自主性、自觉能动性和创造性。每一种文化都有一定的经济社会条件所决定的主体性，并努力去实现这种主体性。文化主体性是文化自信的重要标志。

主体即自我，主体性即人对自我能动性、创造性的认识。马克思在《1844年经济学哲学手稿》中反复阐述了人的主体性问题，指出人与动物最大的区别在于动物没有主体性，没有自己与世界关系的意识，是"物我不分""物我一体"的本能性存在、自然存在，人则通过劳动超出了这种自然性。"自由的有意识的活动恰恰就是人的类特性"，"动物只是按照它所属的那个种的尺度和需要来构造，而人却懂得按照任何一个种的尺度来进行生产，并且懂得处处都把固有的尺度运用于对象"。[1] 显然，主体性是一种体现自我实现的本质特性。主体性与文化具有天然联系，文化主体性是对文化自我的自觉认识和实践，费孝通指出："'文化自觉'指生活在一定文化中的人对其文化有'自知之明'，明白它的来历、形成过程、所具有的特色和它的发展趋向，不带任何'文化回归'

---

1 《马克思恩格斯文集》第1卷，人民出版社2009年版，第162、163页。

的意思，不是要'复旧'，同时也不主张'全盘西化'或'全盘他化'。"[1] 有没有主体性，有没有自觉意识，有什么样的主体性，是判断文化发展的重要标志。

中华文化主体性源自中华民族五千多年文明历史所孕育的中华优秀传统文化，熔铸于党领导人民在革命、建设、改革中创造的革命文化和社会主义先进文化，植根于广大人民群众，植根于新时代中国特色社会主义伟大实践。中华文明形成了中国人看待世界、看待社会、看待自然、看待人生的独特价值体系、文化内涵和精神品质，我们要对其进行创造性转化和创新性发展，取其精华为建设中华民族现代文明所用。当前，在深化发展社会主义市场经济的过程中，我们不断增强中华文化主体意识，继承和弘扬中华民族传统美德，认真研究和吸取传统伦理观念中的合理因素，建立符合时代要求的伦理观念、道德规范和社会秩序，让中华文化积累起来的丰富日常生活伦理经验和习俗，仍然给当代中国与世界以芬芳，使我们在现代化进程中不致被冷酷的金钱关系、极端的个人主义所淹没。我们要全面客观地认识中华优秀传统文化，正确认识中国共产党人精神谱系与中华优秀传统文化之间的内在联系，把革命文化与中华优秀传统文化更加有机地结合起来、融合起来，在传承中华优秀传统文化中更好地赓续红色血脉。我们党在革命、建设和改革各个历史时期都高度重视文化建设，不断发展社会主义先进文化。党的十八大以来，以习近平同志为核心的党中央把文化建设摆在全局工作的重要位置，在推进社会主义文化强国建设中不断深化对文化建设的规律性认识，提出了一系列新思想新观点新论断，为丰富和发展马克思主义文化

---

1　费孝通：《反思·对话·文化自觉》，《北京大学学报（社会科学版）》1997年第3期。

理论、建设新时代社会主义文化强国作出了原创性贡献,有力巩固了中华文化主体性,极大振奋了民族精神和意志。

中华文化主体性不是封闭的,其吸收借鉴了人类的优秀文明成果。习近平总书记指出,对人类社会创造的各种文明,都应该采取学习借鉴的态度,都应该积极吸纳其中的有益成分,使人类创造的一切文明中的优秀文化基因与当代文化相适应、与现代社会相协调。吸收借鉴人类一切优秀文明成果,是建立和巩固文化主体性的重要条件。同时,只有巩固好文化主体性,才能更好地吸收借鉴人类一切优秀文明成果。这要求我们在文明交流互鉴中增强文化主体意识。中华文化有足够的智慧与气度消化吸收外来文化,善于与外来文化共存共容共进。在数千年的发展中,中华文化之所以能广泛吸纳各种文化养料而始终保持自身鲜明特色,是因为它对外来文化并不是简单地拿来或拒斥,而是始终保持自己的主体性,坚持以我为主、为我所用,同时又能不断向他人学习、以他为鉴。在新时代新征程上,面对新的使命任务,我们更要不断增强和实现中华文化主体性,有针对性地吸收其他文明的有益养料,丰富和发展中华民族现代文明。

## 三、构筑中华民族共有精神家园

精神家园指建立在社会实践和理性思维基础之上产生的思想情感认同,是人们对生存观念、生活意义和生命价值的精神依靠和归宿。中华民族共有精神家园是中华儿女共同的精神寄托之所,是中国人共有的精神归宿。历经五千多年的岁月，中华民族生生不息、发展壮大的关键在于中华民族拥有一脉相承的精神信仰和价值追求。"要坚定文化自信、增强文化自觉，传承革命文化、发展社会主义先进文化，推动中华优秀传统文化创造性转化、创新性发展，构筑中华民族共有精神家园。"[1]

德国哲学家雅斯贝尔斯将公元前500年左右的时期称为人类文明的"轴心时代"。在这一时期，东西方文明都出现了一些伟大的思想家和思想流派，他们最早提炼出了一套人类社会赖以运行的基本价值准则，铸就了不同文明的演进道路，塑造了不同的文化传统和民族认同，形成了世界上最早的几个文明核心，并奠定了此后两千多年人类文化世界发展的基本格局。其中，中华文化的先贤们提出了为人处世的一系列基本准则，构筑了中华民族绵延不绝的精神传统。习近平总书记强调："中国式现代化是赓续古老文明的现代化，而不是消灭古老文明的现代化；是从中华大地长出来的现代化，不是照搬照抄其他国家的现代化；是文明更新的结果，不是文明断裂的产物。"[2]其核心之一就在于独特的价值观，如儒家所提倡的仁、义、礼、智、信，所倡导的温、良、恭、俭、让等，反映了社会和个人正当生活中的导向，仍然是当今时代所需要的价值选择。

构筑中华民族共有精神家园顺应中华民族交往交流交融的历史趋势，反映了中华民族的共同意愿和精神。一部中国史，就是一部各民族文化交融汇聚成多元一体中华文化的历史，就是一部各民族共同创

1　习近平：《在复兴之路上坚定前行——〈复兴文库〉序言》，《人民日报》2022年9月27日。
2　习近平：《在文化传承发展座谈会上的讲话》，《求是》2023年第17期。

造、培育中华文化的历史。历史上，从赵武灵王胡服骑射到北魏孝文帝汉化改革，从"洛阳家家学胡乐"到"万里羌人尽汉歌"，从边疆民族习用"上衣下裳""雅歌儒服"到中原盛行"上衣下裤"、胡衣胡帽，以及今天随处可见的舞狮、胡琴、旗袍、建筑等，展现了各民族文化的互鉴融通，民族之间的相互借鉴融通促进了共同发展。构筑中华民族共有精神家园，就是要顺应中华民族交往交流交融的历史，充分汲取各民族文化中的营养，引导各民族将中华文化内化为共建、共有、共享的精神家园。

构筑中华民族共有精神家园来自我们党推动中华民族文化建设的经验总结。百余年来，我们党始终坚持将构筑中华民族共有精神家园置于革命、建设、改革事业的战略布局中统筹谋划。新中国成立后，我们党把新文化作为新社会、新国家建设的重要内容。改革开放后，我们党提出了社会主义精神文明建设的重大命题。进入新时代，文化建设被纳入"五位一体"总体布局，文化自信成为"四个自信"的重要内容。在文化传承发展座谈会上，习近平总书记强调推动文化繁荣、建设文化强国。这一新的文化使命，为构筑中华民族共有精神家园指明了方向。

习近平总书记指出："社会主义核心价值观是当代中国精神的集中体现，凝结着全体人民共同的价值追求。"[1]社会主义核心价值观关系人心凝聚，关系社会和谐稳定和国家长治久安。我国是社会主义国家，国家制度性质决定了必须践行具有适应我国经济社会发展、具有统领性与崇高性的社会主义核心价值观。社会主义核心价值观是构筑中华民族

---

1 《习近平著作选读》第2卷，人民出版社2023年版，第35页。

共有精神家园的关键所在，根植于中华文明沃土，生长于中国共产党领导全国各族人民进行革命、建设和改革及新时代的伟大事业之中，接续中华民族的精神追求，是社会价值判断的规则标准和国家精神的高度体现。构筑中华民族共有精神家园应契合时代提出的新要求，积极践行社会主义核心价值观。习近平总书记强调："以社会主义核心价值观为引领，发展社会主义先进文化，弘扬革命文化，传承中华优秀传统文化，满足人民日益增长的精神文化需求。"[1]在新时代构筑中华民族共有精神家园的过程中，必须坚持以社会主义核心价值观为引领，弘扬以伟大建党精神为源头的中国共产党人的精神谱系，做到常态化开展与制度化推进社会主义核心价值观的宣传教育，深化爱国主义、集体主义、社会主义教育，发挥核心价值观的强大感召力，强化国家话语表达体系及其传播力度。

必须顺应中华民族从历史走向未来、从传统走向现代、从多元凝聚为一体的发展大趋势，深刻理解把握中华文明的突出特性，在新的历史起点上不断构筑中华民族共有精神家园，为铸牢中华民族共同体意识奠定坚实的精神和文化基础。中华民族大团结大进步的长远和根本是构筑中华民族共有精神家园，增强文化认同、价值认同和情感认同，让中华民族共同体意识深深根植各族人民心灵深处，心往一处想、劲往一处使。构筑中华民族共有精神家园，必须正确把握中华文化和各民族文化的关系，中华文化是主干，各民族文化是枝叶，根深干壮才能枝繁叶茂。要充分挖掘各民族共享的中华文化符号和中华民族形象，推动中华优秀传统文化实现创造性转化和创新性发展。中华文化历来具有兼收博

---

1 《习近平著作选读》第1卷，人民出版社2023年版，第35—36页。

采的包容性和吸纳力,主要体现为对各民族文化的兼容与吸收,是"各美其美、美美与共"的文化共同体和各民族文化的集大成。在中华民族共有精神家园中,每个民族都对中华文化的形成和发展作出独特贡献,每个民族的文化都是中华文化不可分割的组成部分,互补共生的中华文化是中华民族共有共享的精神财富。

## 四、全面发展繁荣社会主义先进文化

中国共产党是具有先进性的政党,始终领导人民进行先进文化建设,用先进的观念和精神引领全社会。社会主义先进文化是社会主义而非其他类型的文化,是在党领导人民推进中国特色社会主义伟大实践中,以马克思主义为指导,以培育有理想、有道德、有文化、有纪律的公民为目标,发展面向现代化、面向世界、面向未来的,民族的科学的大众的社会主义文化,是与社会主义制度要求、与人民美好生活需要相符合的文化,代表着时代进步潮流和发展要求。

社会主义先进文化是文化自信的重要内涵。大力发展社会主义先进文化,用社会主义先进文化熔铸各族人民团结奋斗的共同的理想信念、价值理念、道德观念,才能提供文化制度的强大思想动力与信念支撑,促进全体人民在思想上、精神上紧紧团结在一起,广泛凝聚起人们的精神力量,才能构建起国家治理体系和治理能力现代化的深厚精神支撑。新时代新征程,坚持中国特色社会主义发展道路,努力建设和发展社会主义先进文化，推动中国特色社会主义文化繁荣兴盛，是坚定文化自信和价值观自信的时代要求。

党的十一届三中全会以后，以邓小平同志为主要代表的中国共产党人认真总结了中国社会主义道路探索中的问题，结合马克思主义的基本原理，提出了建设有中国特色的社会主义的伟大理论，其中就有符合中国国情、满足人民利益的先进的精神文明建设。党的十三届四中全会以后，以江泽民同志为主要代表的中国共产党人及以胡锦涛同志为主要代表的中国共产党人在继续推进精神文明建设的进程中，从中国文化建设的实际情况出发，提出了有中国特色社会主义文化、中国共产党始终代表中国先进文化的前进方向、和谐文化、社会主义文化大发展大繁荣等关涉文化的理论和要求，这些不仅丰富了社会主义先进文化的内涵，也继续推进了社会主义先进文化的前进发展。党的十八大以来，以习近平同志为主要代表的中国共产党人在新的历史方位中，继续推进中国特色社会主义文化建设，并提出文化自信、培育和践行社会主义核心价值观、建设中华民族现代文明等新的文化论述及建设要求，进一步丰富了社会主义先进文化的内涵，使其成为中国特色社会主义事业向前推进的精神纽带，产生了弘扬民族精神、形成民族凝聚力的极大激励和促进作用。

四十多年来，我们始终坚持发展社会主义先进文化，加强社会主义精神文明建设，培育和践行社会主义核心价值观，传承和弘扬中华优秀传统文化，坚持以科学理论引路指向，以正确舆论凝心聚力，以先进文化塑造灵魂，以优秀作品鼓舞斗志，爱国主义、集体主义、社会主义精神广为弘扬，时代楷模、英雄模范不断涌现，文化艺术日益繁荣，网信事业快速发展，全民族理想信念和文化自信不断增强，国家文化软实力和中华文化影响力大幅提升。改革开放铸就的伟大改革开放精神，极大丰富了民族精神内涵，成为当代中国人民最鲜明的精神标识！[1]

正确认识和把握当代中国文化，全面推进中国特色社会主义文化建设，要始终把中华优秀传统文化、革命文化、社会主义先进文化辩证统一起来认识和推进，防止文化建设中的错误思想倾向。要坚决反对文化无用论，防止经济建设代替和削弱文化建设；坚决反对历史虚无主义和文化虚无主义，反对全盘否定消解传统文化的非理性情绪和主张全盘西化的错误观点，以尊重历史、弘扬优秀传统文化为荣；坚决反对文化多元主义、新自由主义等，去除冲击主流意识形态的倾向；坚决反对极端市场化庸俗化，防止文化领域的模糊失序；坚决反对复古泥古、以儒代马等错误倾向，反对否定党领导人民在实现从站起来到富起来再到强起来过程中创造的革命文化和社会主义先进文化的错误认识；坚决反对理想信念动摇、道德滑坡的各种论调，防止各种错误思潮的侵蚀，避免"精神文化堕距"；坚决反对否定当代中华文化发展的社会主义性质、否定当代中国实践的文化价值、否定"四项基本原则"等错误认识和倾向。要正确处理好坚定文化自信与学习吸收外来文化的关系，既旗帜鲜明反对照抄照搬、简单移植的崇洋西化倾向，也坚决反对故步自封、闭目塞听等文化保守主义倾向。要牢牢坚持马克思主义的立场、观点和方法，植根中国实践，遵循文化发展规律，正确处理好本来与外来、当下与未来、继承与创新、转化与发展等之间的辩证关系，在人民群众的实践中实现中国特色社会主义

---

1　习近平：《在庆祝改革开放40周年大会上的讲话》，《人民日报》2018年12月19日。

文化的不断繁荣发展。

# 五、保护文化遗产

建设社会主义文化强国，要求加强对文化遗产的保护，让文化遗产焕发出应有的生命力。

2014年2月25日，习近平总书记在北京考察时指出：历史文化是城市的灵魂，要像爱惜自己的生命一样保护好城市历史文化遗产。北京是世界著名古都，丰富的历史文化遗产是一张金名片，传承保护好这份宝贵的历史文化遗产是首都的职责，要本着对历史负责、对人民负责的精神，传承历史文脉，处理好城市改造开发和历史文化遗产保护利用的关系，切实做到在保护中发展、在发展中保护。

2016年3月23日，习近平总书记对文物工作作出重要指示强调：各级党委和政府要增强对历史文物的敬畏之心，树立保护文物也是政绩的科学理念，统筹好文物保护与经济社会发展，全面贯彻"保护为主、抢救第一、合理利用、加强管理"的工作方针，切实加大文物保护力度，推进文物合理适度利用，使文物保护成果更多惠及人民群众。各级文物部门要不辱使命，守土尽责，提高素质能力和依法管理水平，广泛动员社会力量参与，努力走出一条符合国情的文物保护利用之路，为实现"两个一百年"奋斗目标、实现中华民族伟大复兴的中国梦作出更大贡献。

2020年9月28日，习近平总书记主持中央政治局第二十三次集体学习时指出：考古遗迹和历史文物是历史的见证，必须保护好、利用好。要建立健全历史文化遗产资源资产管理制度，建设国家文物资源大数据库，加强相关领域文物资源普查、名录公布的统筹指导，强化技术支撑，引导社会参与。要把历史文化遗产保护放在第一位，同时要合理利用，使其在提供公共文化服务、满足人民精神文化生活需求方面充分发挥作用。要健全不可移动文物保护机制，把文物保护管理纳入国土空间规划编制和实施。要制定"先考古、后出让"的制度设计和配套政策，对可能存在历史文化遗存的土地，在依法完成考古调查、勘探、发掘前不得使用。要深刻汲取国内外重大文物灾害事故教训，督察落实主体责任，强化隐患整治，增强历史文化遗产防护能力。要加强执法督察，规范举报流程，严厉打击文物犯罪。

2022年5月27日，习近平总书记在主持中央政治局第三十九次集体学习时强调：文物和文化遗产承载着中华民族的基因和血脉，是不可再生、不可替代的中华优秀文明资源。要让更多文物和文化遗产活起来，营造传承中华文明的浓厚社会氛围。要积极推进文物保护利用和文化遗产保护传承，挖掘文物和文化遗产的多重价值，传播更多承载中华文化、中国精神的价值符号和文化产品。

2023年5月16日，习近平总书记考察山西运城博物馆时强调，博物馆有很多宝贵文物甚至"国宝"，它们实证了我国百万年的人类史、一万年的文化史、五千多年的文明史，要深入实施中华文明探源工程，把中国文明历史研究引向深入。要认真贯彻落实党中央关于坚持保护第一、加强管理、挖掘价值、有效利用、让文物活起来的工作要求，全面提升文物保护利用和文化遗产保护传承水平。

习近平总书记关于文化遗产保护传承的重要论述，是习近平文化思想的重要组成部分，为做好新时代新征程文化遗产保护传承工作提供了根本遵循。要按照保护第一、传承优先的理念，坚定文化自信，秉持开放包容，坚持守正创新，正确处理保护与利用、保护与发展、保护与开发等文化遗产保护传承中的重大关系，始终把保护放在第一位，在保护中发展、在发展中保护。要着力构建保护体系，推动文化遗产系统性保护，构建大保护格局。着力健全保护机构，推进文化遗产保护体制改革，形成工作合力。着力完善保护机制，保留历史原貌，加强历史文化名城、街区、村镇等的整体保护和活态传承。着力筑牢法治保障，加大督察力度，用最严格制度最严密法治保护文化遗产。着力推动文明互鉴，践行全球文明倡议，加强文化遗产领域国际交流合作。要加强党对文化遗产保护传承的领导，各级党委和政府要坚决负起文化遗产保护传承的政治责任，各级宣传部门要履行统筹协调文化遗产工作的重要职责，各级文化遗产主管部门要发挥职能作用，确保规划落地、政策落实、工作见效。

截至2021年底，我国共有国有可移动文物1.08亿件（套），不可移动文物76.7万处，全国重点文物保护单位5058处，备案博物馆6183家；共有各级非遗代表性项目10万余项，其中国家级非遗代表性项目1557项；各级代表性传承人9万余名，其中国家级非遗代表性传承人3062名；国家珍贵古籍名录13026部，全国古籍重点保护单位203家；世界遗产56项，位列世界第二。截至2022年11月底，列入联合国教科文组织非物质文化遗产名录、名册项目43项，位列世界第一……2022年，全国文物工作会议召开，确立了"保护第一、加强管理、挖掘价值、有效利用、让文物活起来"的新时代文物工作方针，宣示了文物工作新方位新使命新担当。

文化遗产承载灿烂文明，传承历史文化，维系民族精神。党和政府高度赞赏并积极参与联合国教科文组织在保护文化多样性、推动人类文明交流互鉴方面的工作，先后加入了多个联合国教科文组织的文化类公约，如1972年《保护世界文化和自然遗产公约》、2003年《保护非物质文化遗产公约》和2005年《保护和促进文化表现形式多样性公约》等。在认真履约的同时，中国与联合国教科文组织保持着良好的互动合作关系，在北京设立了联合国教科文组织支持的亚太地区非物质文化遗产国际培训中心，在四川举办了八届中国成都国际非物质文化遗产节，为亚太地区文化遗产保护搭建了交流和展示平台。

## 六、增强志气、骨气和底气

文化自信代表着一种始终积极向上的精神气质。党的二十大报告强调，增强全党全国各族人民的志气、骨气、底气，不信邪、不怕鬼、不怕压，知难而进、迎难而上，统筹发展和安全，全力战胜前进道路上各种困难和挑战，依靠顽强斗争打开事业发展新天地。

一百年前，一群新青年高举马克思主义思想火炬，在风雨如晦的中国苦苦探寻民族复兴的前途。"天下者我们的天下。国家者我们的国家。社会者我们的社会。我们不说，谁说？我们不干，谁干？"

二十五岁的毛泽东主办了《湘江评论》，宣传救国救民之道；"钊感于国势之危迫，急思深研政理，求得挽救民族、振奋国群之良策"，二十八岁的李大钊在俄国十月革命的影响下，成为我国最早的马克思主义传播者；"尽善尽美唯解放"，二十三岁的王瑞俊在写下这句诗后，改名"尽美"以自励，表明为实现共产主义理想而献身的信念……

　　1918年6月，毛泽东从湖南第一师范顺利毕业。此时，他已从一名普通的农村青年成长为有知识有才华的新青年，但是对于如何救国，尚未形成明确的主张。他对马克思主义的选择源自两次北京之行。第一次北京之行是1918年8月至次年3月，目的是办理新民学会会员赴法勤工俭学事宜。他利用在北京大学担任图书馆助理员的机会，阅读了李大钊宣传十月革命的文章，旁听了陈独秀等北大知名教授的讲座，从而对社会主义有了一定的了解，思想上有了新的进步。1919年4月回到长沙后，他组织了长沙的学生运动声援五四运动，并提出民众大联合的主张。第二次北京之行是1919年12月至次年4月，目的是发动首都各界驱逐军阀张敬尧。这段时间，他认真阅读了《共产党宣言》等马克思主义著作，于1920年夏从思想上转变为马克思主义者，从此他的理想信念就没有动摇过。志之所趋，无远弗届，穷山距海，不能限也。在爱国主义激励下，青年毛泽东十年如一日追寻救国救民的真理，最终找到了它。

　　一百多年来，在中国共产党的旗帜下，一代代中国青年把青春奋斗融入党和人民事业，成为实现中华民族伟大复兴的先锋力量。1955年，钱学森在回国的邮轮上激动地说："今后我将竭尽努力，和中国人民一道建设自己的国家，使我的同胞能过上有尊严的幸福生活。"

　　落后就要挨打，发展才能自强。一百多年来，中国共产党团结带领中国人民书写的最恢宏史诗，就是创造了新民主主义革命、社会主义革命和建设、改革开放和社会主义现代化建设、新时代中国特色社会主义的伟大成就。四个"伟大成就"支撑起民族自信，增强了中国人的志气、骨气、底气。在党的领导下，我们彻底结束了旧中国半殖民地半封建社会的历史和一盘散沙的局面，彻底废除了列强强加给中国的不平等条约和帝国主义在中国的一切特权，中国人民站起来了，中华民族任人宰割、饱受欺凌的时代一去不复返；我们消灭了在中国延续几千年的封建剥削压迫制度，确立起社会主义基本制度，推进社会主义建设，实现了一穷二白、人口众多的东方大国大步迈进社会主义社会的伟大飞跃；我们坚定不移推进改革开放，开创、坚持、捍卫、发展中国特色社会主义，实现了从高度集中的计划经济体制到充满活力的社会主义市场经济体制、从封闭半封闭到全方位开放的历史性转变，实现了从生产力相对落后的状况到经济总量跃居世界第二的历史性突破；我们迈入中国特色社会主义新时代，在中华大地上全面建成了小康社会，历史性地解决了绝对贫困问题，正意气风发向着全面建成社会主义现代化强国的第二个百年奋斗目标迈进。亲历亲见并切身感受祖国伟大成就的中国人，生发堂堂志气、骨气、底气。

　　志气、骨气、底气各有其具体的内涵，又构成一个相互联系的整体。志气，与理想相关，是追求符合社会历史发展规律的目标并力求实现此目标的决心和抱负。骨气，与意志相连，是在奋斗中百折不挠的精神风骨。底气，与实力相伴，是以力量为基础的应对能力和敢于直面挑战的自信沉稳。志气、骨气、底气统一于良好精神状态的系统——志气是面对外界诱惑的定心丸，骨气是不畏艰难努力奋斗的助推器，底气是坚定从容向前迈的奠基石。文化发展的直接动力来自人民的创造力，来自主体性的充分发挥。中国人的志气、骨气、底气，在充满硝烟的革命战争年代，表现为为救亡图存建立新中国而舍生忘死；在充满挑战的建设与改革年代，表现为为推动国家繁荣发展而全力拼搏；对新时代中国人来说，志气、骨气、底气是立足于巨大发展成就、向实现中华民族伟大复兴目标全力迈进的使命感与行动力，是在复杂的国内外环境中敢于和善于斗争的意志和担当。

# 七、创造人类文明新形态

习近平总书记在庆祝中国共产党成立一百周年大会上的重要讲话中指出："我们坚持和发展中国特色社会主义，推动物质文明、政治文明、精神文明、社会文明、生态文明协调发展，创造了中国式现代化新道路，创造了人类文明新形态。"[1]党的十九届六中全会通过的《中共中央关于党的百年奋斗重大成就和历史经验的决议》强调指出："党领导人民成功走出中国式现代化道路，创造了人类文明新形态，拓展了发展中国家走向现代化的途径。"党的二十大报告在论述中国式现代化的本质要求时，再次强调中国式现代化创造人类文明新形态。

---

1 《习近平著作选读》第2卷，人民出版社2023年版，第483页。

人类文明形态是人类文明存在和发展的理念、方式、成果的总和，是对人类物质生产活动及其交往关系、社会制度、价值观念等的总体表达。依据不同的尺度和标准，人类文明可以划分为不同的类型：从技术角度，包括以石器、铁器、蒸汽、电器、信息化、人工智能等不同标志为表征的文明；从地域角度，有西方文明与非西方文明等之别；从制度角度，有以奴隶制、农奴制、资本主义私有制和社会主义公有制为所有制基础的不同社会；从产业角度，有以农业、工业、金融、服务等为主的文明。在各种文明形态中，居于中心地位且具有决定性意义的是以生产力为基础的生产关系总和，归根到底是以制度为主要表现的人类社会形态的不断发展。

从世界历史演进看，人类文明新形态是对资本主义开创的"现代文明"的超越，是社会主义的实践确证。人类文明的进步与发展主要以社会形态的更替来实现。马克思认为："亚细亚的、古希腊罗马的、封建的和现代资产阶级的生产方式可以看做是经济的社会形态演进的几个时代。"[1]马克思揭示了人类文明形态演进的几个典型形式，揭示了人类社会发展基本规律和趋向。其中，资本主义开创的现代文明产生了深远的影响，它推动传统社会向工业化、民主化、法治化和都市化转型，开创了"世界历史"，是一种现代工业文明形态，马克思称之为"现代社会"或"现代生产方式"。但是，资本主义私有制基础上的现代工业文明并不是人类文明的最高形态和最理想模式，它包含着资本与劳动、资本主义私人所有制和社会化大生产的对抗性矛盾，体现了资本逻辑的内在不可克服的矛盾，导致了人的异化、阶级对抗、社会分裂和自然退化等现

---

1　《马克思恩格斯选集》第2卷，人民出版社2009年版，第592页。

象，引发了普遍的"现代贫困和衰颓"等严重社会问题。由此，马克思在"批判旧世界中发现新世界"，设想了一条超越资本主义文明的新道路——通过颠覆资本逻辑，最终建构社会主义文明。这条道路是人类文明新形态的理论底色和历史坐标，是被实践所证实了通向人的自由而全面发展的新道路。

从理论性质看，中国式现代化打破了"西方中心论"和"工业文明"独霸天下的局面，开创了人类走向"自由人联合体"的文明新道路。在人类文明图谱中，中国特色社会主义正展现出前所未有的蓬勃生机和旺盛活力。在世界历史场域中，社会主义跌宕起伏、波澜壮阔，开创了人类文明的非凡进程，从根本上克服了资本逻辑，产生了人类解放的积极效应，中国将这种文明植入现实并形成开创性、世界性示范效应。人类文明新形态体现了马克思主义与中国具体实际、与中华优秀传统文化的有机结合，体现了中华民族现代文明的实践进程。人类文明新形态意味着中国式现代化不是传统的单一物质现代化，不是社会公正失衡的现代化，不是唯资本利益为上的现代化，而是在中国特色社会主义基础上实现的新型现代化。

这是不同于西方文明的文明形态。迄今为止，实现现代化的国家大都是欧美国家和深受西方文明影响的资本主义国家，一些人因此形成现代化就是西方化、西方文明就是现代文明的错觉。然而，资本主义制度的基本矛盾决定了资本主义文明存在着无法克服的固有矛盾。中国式现代化是中国共产党领导的社会主义现代化，摒弃了西方以资本为中心的现代化、两极分化的现代化、物质主义膨胀的现代化、对外扩张掠夺的现代化老路。中国式现代化创造的人类文明新形态，是兼顾效率与公平、全体人民真正当家作主、精神文化生活丰富、社会团结安定有序、人与自然和谐共生、推动构建人类命运共同体的文明形态,展现了不同于西方现代化模式的新图景。

中国特色社会主义是全面发展的社会主义,要在经济不断发展的基础上,协调推进政治建设、文化建设、社会建设、生态文明建设以及其他各方面建设。人类文明新形态是五大文明协调发展的社会主义文明形态,不断丰富和发展人类文明新形态,必须全面建设更高水平的物质文明、政治文明、精神文明、社会文明、生态文明。我们要进一步统筹推进"五位一体"总体布局、协调推进"四个全面"战略布局,立足新发展阶段、贯彻新发展理念、构建新发展格局、推动高质量发展,建设更高水平的物质文明;发展全过程人民民主,推进法治中国建设,建设更高水平的政治文明;更有力地推进中国特色社会主义文化建设,创造属于我们这个时代的新文化,建设更高水平的精神文明;增进民生福祉,扎实推进共同富裕,建设更高水平的社会文明;推动绿色发展,建设美丽中国,建设更高水平的生态文明。在推动五大文明协调发展、全面提升中,不断丰富和发展人类文明新形态。

1956年,毛泽东同志在纪念孙中山先生诞辰九十周年的文章中指出:"中国将变为一个强大的社会主义工业国","中国应当对于人类有较大的贡献"。[1]党的二十大报告指出:"中国共产党是为中国人民谋幸福、为中华民族谋复兴的党,也是为人类谋进步、为世界谋大同的党。"[2]中国式现代化既坚守马克思主义魂脉和中华优秀传统文化根脉,

---

[1]  中共中央文献研究室编:《毛泽东文集》第7卷,人民出版社1999年版,第156、157页。
[2]  《习近平著作选读》第1卷,人民出版社2023年版,第18页。

又坚持与时俱进、守正创新，挺立时代前沿。在生产力发展上，贯彻新发展理念、构建新发展格局、推动高质量发展，发展新质生产力，加快建设现代化经济体系，推动经济实现质的有效提升和量的合理增长；在制度建设上，突出坚持和完善支撑中国特色社会主义制度的根本制度、基本制度、重要制度，构建系统完备、科学规范、运行有效的制度体系，不断推进国家治理体系和治理能力现代化；在文明创造上，立足中华民族伟大历史实践和当代实践，用中国道理总结好中国经验，把中国经验提升为中国理论，推动文化繁荣、建设文化强国、建设中华民族现代文明。中国式现代化创造的人类文明新形态，破解了人类社会发展的诸多难题，代表人类文明进步的发展方向，为人类对更好社会制度的探索提供了中国方案。

习近平总书记指出："我们要拓展世界眼光，深刻洞察人类发展进步潮流，积极回应各国人民普遍关切，为解决人类面临的共同问题作出贡献，以海纳百川的宽阔胸襟借鉴吸收人类一切优秀文明成果，推动建设更加美好的世界。"[1]人类文明新形态具有兼收并蓄的开放胸怀，中国人民不仅要自己过上好日子，还追求天下大同。我们要不断扩大高水平对外开放，深度参与全球产业分工和合作，用好国内国际两个市场、两种资源，拓展中国式现代化的发展空间；秉持人类命运共同体理念，践行共商共建共享的全球治理观，维护和践行真正的多边主义，共同建设持久和平、普遍安全、共同繁荣、开放包容、清洁美丽的世界；尊重世界文明多样性，以文明交流超越文明隔阂、文明互鉴超越文明冲突、文明包容超越文明优越，弘扬全人类共同价值；拓展世界眼光，深刻洞察

---

1 《习近平著作选读》第1卷，人民出版社2023年版，第18页。

人类发展进步潮流，积极回应各国人民普遍关切，从不同文明中寻求智慧、汲取营养，为解决人类面临的共同问题作出贡献。只要坚持胸怀天下，借鉴吸收人类一切优秀文明成果，就一定能在丰富发展人类文明新形态的进程中为人类文明百花园作出新的更大贡献，推动历史车轮向着光明的前途前进。

# 第十章　文化自信的对外传播如何推进？

文化作为广泛的软性力量，是社会的重要构成，能够以无形方式凝聚人心、净化心灵、激发动力。文化自信是一种由内而外的底气，向世界传递着中国人积极向上的精气神，为推动当今世界各种现实问题的解决提供强大正能量。

就让中华文明同各国人民创造的多彩文明一道为人类提供正确精神指引！

## 一、坚持对外开放

中国是在对外开放中发展起来的，也不断以实际行动向世界主动开放市场、推动建设开放型世界经济、支持经济全球化。"世界上的有识之士都认识到，经济全球化是不可逆转的历史大势，为世界经济发展提供了强劲动力。说其是历史大势，就是其发展是不依人的意志为转移的。人类可以认识、顺应、运用历史规律，但无法阻止历史规律发生作用。历史大势必将浩荡前行。回顾历史，开放合作是增强国际经贸活力的重要动力。立足当今，开放合作是推动世界经济稳定复苏的现实要求。放眼未来，开放合作是促进人类社会不断进步的时代要求。"[1]"站在新的历史起点，中国开放的大门只会越开越大……坚持以开放促改革、促发展、促创新，持续推进更高水平的对外开放。"[2]习近平主席在第五届进博会上宣示："开放是人类文明进步的重要动力，是世界繁荣发展的必由之路。当前，世界百年未有之大变局加速演进，世界经济复苏动力不足。我们要以开放纾发展之困、以开放汇合作之力、以开放聚创新之势、以开放谋共享之福，推动经济全球化不断向前，增强各国发展动能，让发展成果更多更公平惠及各国人民。"

改革开放四十多年来，我国坚持打开国门搞建设，实现了从封闭半封闭到全方位开放的伟大转折。从兴办深圳等经济特区到沿海沿边沿江沿线和内陆中心城市全方位对外开放，从加入世界贸易组织到设立自由贸易试验区和海南自由贸易港，我国对外开放取得历史性成就。进入新时代，面对百年未有之大变局，习近平总书记深刻洞察国际形势新变化，准确把握国内改革发展新要求，统筹国内国际两个大局，对我国开放型经济发展作出重大战略部署：强调要持续深化商品和要素流动型开放，稳步拓展规则、规制、管理、标准等制度型开放。实行更加积极主动的开放政策，提出共建"一带一路"伟大倡议，推动构建人类命运共同体。形成了更大范围、更宽领域、更深层次对外开放格局。

今天的中国，是紧密联系世界的中国。货物贸易进出口总额从1978年的二百零六亿美元增长到2022年的超过四十二万亿美元。贸易

---

1　《习近平著作选读》第2卷，人民出版社2023年版，第212—213页。
2　《习近平外交演讲集》第2卷，中央文献出版社2022年版，第227页。

伙伴从1978年的几十个发展到目前的二百多个国家和地区。累计吸引外资已超两万亿美元。中国已成为货物贸易第一大国、第一大外汇储备国，吸引外资和对外投资居世界前列。共建"一带一路"从理念转化为行动、从愿景转化为现实，已有一百五十多个国家和三十多个国际组织加入了共建"一带一路"大家庭，已形成三千多个合作项目，拉动近万亿美元投资规模，成为深受欢迎的国际公共产品和国际合作平台。进博会已经成为中国构建新发展格局的窗口、推动高水平开放的平台、全球共享的国际公共产品。从统筹推进二十一个自贸试验区建设、高质量高标准建设海南自由贸易港到举办进博会、服贸会、广交会、消博会，从颁布实施外商投资法到连续五年缩减外资准入负面清单……中国开放的大门越开越大，全方位、多层次、宽领域的全面开放新格局加速形成。

中国顺应历史潮流，实行更高层次高水平的对外开放，努力引导经济全球化持续健康发展。为此，中国不断丰富对外开放的内涵，主动提高服务业和制造业开放水平，拓宽开放广度与深度；扩大内陆地区对外开放，构建沿边地区开放新平台，优化对外开放区域布局；全面推进双向开放，促进国内国际要素有序流动、资源高效配置，大力发展更高水平的开放型经济。中国对外开放，不是要一家唱独角戏，而是要欢迎各方共同参与；不是要谋求势力范围，而是要支持各国共同发展；不是要营造自己的后花园，而是要建设各国共享的百花园。2017年3月5日，习近平总书记在参加全国两会上海代表团审议时强调，中国开放的大门不会关上，要坚持全方位对外开放，继续推动贸易和投资自由化便利化。2020年10月14日，习近平总书记在深圳经济特区建立四十周年庆祝大会上指出："要优化升级生产、分配、流通、消费体系，深化对内经济联系、增加经济纵深，增强畅通国内大循环和联通国内国际双循环的功能，加快推进规则标准等制度型开放，率先建设更高水平开放型经济新体制。要在内外贸、投融资、财政税务、金融创新、出入境等方面，探索更加灵活的政策体系、更加科学的管理体制，加强同'一带一路'沿线国家和地区开展多层次、多领域的务实合作。越是开放越要重视安全，统筹好发展和安全两件大事，增强自身竞争能力、开放监管能力、风险防控能力。"[1]党的二十大报告明确指出："中国坚持对外开放的基本国策，坚定奉行互利共赢的开放战略。"

当前，我国正在形成以国内大循环为主体、国内国际双循环相互促进的新发展格局。新发展格局不是封闭的国内循环，而是开放的国内国际双循环。在复杂国际环境中，中国始终做全球共同开放的重要推动者、全球治理改革的积极贡献者。坚持真正的多边主义，坚定维护多边贸易体制，全面深入参与世贸组织改革谈判，推动贸易和投资自由化便利化，推动二十国集团、亚太经合组织等机制更好发挥作用，深入参与金砖国家、上海合作组织等机制合作，促进国际宏观经济政策协调。参与全球性议题探讨和规则制定，在贸易投资、数字经济、绿色低碳等领域，贡献更多中国智慧、中国方案，维护多元稳定的国际经济格局和经贸关系。

在坚持对外开放的整个过程中，文化方面交流合作的深化，显然也能使中国的文化自信得到有效的传递和增强。

---

1  习近平：《在深圳经济特区建立40周年庆祝大会上的讲话》，人民出版社2020年版，第10页。

# 二、做好传播交流推广

中国共产党既为中国人民谋幸福、为中华民族谋复兴，也为人类谋进步、为世界谋大同。我们不仅要让世界知道"舌尖上的中国"，还要让世界知道"学术中的中国""理论中的中国""哲学社会科学中的中国"，更要让世界知道"发展中的中国""开放中的中国""为人类文明作贡献的中国"。

纵观历史可以发现，一个大国在成长进程中难免会遭遇一些需要化解的话语困境。中国不仅与西方的价值观、意识形态、文化传统不同，社会制度也不一样，国际社会尤其西方国家对中国难免会产生种种不符合实际的认知。在逆全球化思潮蔓延的条件下，对中国改革发展的质疑会有所增加。中国如果不从根本上回应关于中国的"问题话语"，误解可能会加深，就有可能对中国的和平发展和整个世界的发展产生阻碍。因此，提高中国的对外传播力，尤其是提高中国的话语权、解释权，也就成为增强文化自信的重要任务。

禅宗传播中有一个"指月"的故事。老僧在对小僧讲"什么是月亮"时，他用手指着天上的月亮，说"那个就是月亮"。小僧不明其意，只是看他手指头，而不看月亮。老僧很生气，说"你看的是手指头，不是月亮"。这里说的就是传播者和接受者之间需要消除的一种理解障碍。

从传播形式和内容来说，我们以往比较习惯于通过写文章的方式，用语言解释语言、用道理解释道理、用概念解释概念,解释那些别人在话语体系当中不太了解,别人在生活实践当中不太明白,或者不太相同的一些内容。这使得我们对外传播努力想花力气做的一些事情效果并不理想。2021年6月,习近平总书记指出,讲好中国故事,传播好中国声音,展示真实、立体、全面的中国,是加强我国国际传播能力建设的重要任务。要深刻认识新形势下加强和改进国际传播工作的重要性和必要性,下大气力加强国际传播能力建设,形成同我国综合国力和国际地位相匹配的国际话语权,为我国改革发展稳定营造有利外部舆论环境,为推动构建人类命运共同体作出积极贡献。

我们党历来高度重视对外传播工作,努力发挥对外传播服务于大局的功能。党的十八大以来,我们大力推动国际传播守正创新,理顺内宣外宣体制,打造具有国际影响力的媒体集群,积极推动中华文化走出去,有效开展国际舆论引导和舆论斗争,初步构建起多主体、立体式的大外宣格局,我国国际话语权和影响力显著提升,同时也面临着新的形势和任务。必须加强顶层设计和研究布局,构建具有鲜明中国特色的战略传播体系,着力提高国际传播影响力、中华文化感召力、中国形象亲和力、中国话语说服力、国际舆论引导力。

提高对外传播效果,需要始终对"传什么"心中有数。要加快构建中国话语和中国叙事体系,用中国理论阐释中国实践,用中国实践升华中国理论,打造融通中外的新概念、新范畴、新表述,更加充分、更加鲜明地展现中国故事及其背后的思想力量和精神力量。要加强对中国共产党的宣传阐释,帮助国外民众认识到中国共产党是真正为中国人民谋幸福而奋斗,了解中国共产党为什么能、马克思主义为什么行、中国特色社会主义为什么好。要围绕中国精神、中国价值、中国力量，从政治、经济、文化、社会、生态文明等多个视角进行深入研究，为开展国际传播工作提供学理支撑。要更好推动中华文化走出去，以文载道、以文传声、以文化人，向世界阐释推介更多具有中国特色、体现中国精神、蕴藏中国智慧的优秀文化。要注重把握好基调，既开放自信也谦逊谦和，努力塑造可信、可爱、可敬的中国形象。要广泛宣介中国主张、中国智慧、中国方案，我国日益走近世界舞台中央，有能力也有责任在全球事务中发挥更大作用，同各国一道为解决全人类问题作出更大贡献。要高举人类命运共同体大旗，依托我国发展的生动实践，立足五千多年中华文明，全面阐述我国的发展观、文明观、安全观、人权观、生态观、国际秩序观和全球治理观。要倡导多边主义，反对单边主义、霸权主义，引导国际社会共同塑造更加公正合理的国际新秩序，建设新型国际关系。要善于运用各种生动感人的事例，说明中国发展本身就是对世界的最大贡献、为解决人类问题贡献了智慧。

对外传播交流推广，要讲究方式方法，注重实际效果。要深入开展各种形式的人文交流活动，通过多种途径推动我国同各国的人文交流和民心相通。要创新体制机制，把我们的制度优势、组织优势、人力优势转化为传播优势。要更好发挥高层次专家作用，利用重要国际会议论坛、外国主流媒体等平台和渠道发声。各地区各部门要发挥各自特色和优势开展工作，展示丰富多彩、生动立体的中国形象。要全面提升国际传播效能，建强适应新时代国际传播需要的专门人才队伍。要加强国际传播的理论研究，掌握国际传播的规律，构建对外话语体系，提高传播艺术。要采用贴近不同区域、不同国家、不同群体受众的精准传播方式，推进中国故事和中国声音的全球化表达、区域化表达、分众化表达，增强国际传播的亲和力和实效性。要广交朋友、团结和争取大多数，不断扩大知华友华的国际舆论朋友圈。要讲究舆论斗争的策略和艺术，提升重大问题对外发声能力。

2017年12月，中共中央办公厅、国务院办公厅印发的《关于加强和改进中外人文交流工作的若干意见》指出，加强和改进中外人文交流工作要以促进中外民心相通和文明互鉴为宗旨，要坚持以人为本、平等互鉴、开放包容、机制示范、多方参与、以我为主、改革创新等原则，着力推动人文交流理念更加深入人心，着力推动中外人文交流渠道更加畅通，平台更加多元，形式内容更加丰富，形成一批具有中国特色、国际影响的人文交流品牌。这为新时代加强文明交流互鉴，提供了重要遵循和有益借鉴。

大象无形，文明相洽。近些年来，北京冬奥会、成都大运会、杭州亚运会、"相约北京"奥林匹克文化节等一系列人文交流活动，一次又一次向世界展现了中华文化海纳百川、包容四海的宽广气度；丝绸之路（敦煌）国际文化博览会、中国国际进口博览会等，展示了中华文明的深厚底蕴和无穷魅力；"中国秦汉文明的遗产""何以文明——中华文明探源工程成果数字艺术大展"等大型展览和表演一次次走出国门；中国的语言、文字、文学、艺术、服饰、礼仪、茶文化、武术、中医等，在很多国际场合受到前所未有的青睐……随着中国世界影响力的提升，中华文化的国际感召力不断上升，正面强大的中国形象令更多人从内心得以接受。

# 三、加强话语权建设

作为世界上最大的发展中国家和世界第二大经济体，中国在被各国广泛关注的同时，也遭受着一些质疑，"中国威胁论""中国崩溃论"等论调影响着不少人。这在一定程度上是因为目前中国在国际话语体系中仍处于相对弱势地位，话语权与国际地位不相适应。要针对国际关注，加大话语权建设力度，努力打破西方话语霸权。

从总体上看，当前国际话语的基本叙事结构仍然是以西方为中心，西方发达国家多年来拥有强大成熟的传媒体系，掌控着国际舆论的主导权，西方话语仍占据全球话语和信息传播的核心地位，西方意识形态的渗透仍然比较广泛强烈，新自由主义等价值观影响较大。这种国际话语格局背后是利益，但与话语建设的力度和方式方法也不无关系。

随着以中国为主要代表的新兴经济体的崛起、新信息传播技术的迅猛发展，国家间相互依存程度空前提高，世界权力结构也不能不调整、变化，国际话语权正在重新分配，新的信息传播秩序和格局正在形成。全球化不可阻挡，多极化趋势日趋明显，和平、发展、合作、共赢成为一种潮流和共识，人类命运共同体等观念接受度越来越高，世界正处于新旧格局交替之中。快速改革发展的中国需要向世界解释自己的理论和实践，回答人们的疑问，表明中国对重大事务的态度和战略，让世界更加全面、客观和理性地认识、理解和评价中国，向世界传递中国正能量。讲好中国故事、中国智慧，让世人了解中国对世界的真实贡献，让世界全面了解中国要做什么、在做什么、为世界带来了什么，从而加深对中国的信任。

在话语权建设方面，我们需要增强意识，认识到话语宣传传播建设的重要性，把握话语建设深层次问题之所在，深入了解、研究和贴近国际话语思维和表达习惯，寻求中国民众与国外民众需求及利益相契合的共同点，增强中国与世界特别是与西方国际传播对话与接轨的力度，适当主动走出去，更加主动地回应国际社会关切，适当设置引导国际议题，采用国际化、故事化、情感化、审美化的灵活方式，做好重点对象的解释传播工作。同时，注重发挥国家领导人、政府、专家、媒体、智库、第三方机构、非政府组织和民间等多主体联动的强大合力，建立尽量由大众媒体、正式渠道和民间交往构成的全介质、全方位、全天候传播渠道，加快培育一批国际一流媒体，促使富有国际竞争力的企业参与中国话语权建设，抓住重要交流场合进行全方位展示。要善于运用互联网、社交媒体等新兴媒体，促使中国话语与新生代、新型受众、普通民众无缝对接、产生共鸣，唱响中国经济光明论的正面声音。

## 四、有更强能力为解决世界性问题提供思路和办法

2016年5月，习近平总书记就指出：强调民族性并不是要排斥其他国家的学术研究成果，而是要在比较、对照、批判、吸收、升华的基础上，使民族性更加符合当代中国和当今世界的发展要求，越是民族的越

是世界的。解决好民族性问题，就有更强能力去解决世界性问题；把中国实践总结好，就有更强能力为解决世界性问题提供思路和办法。这是由特殊性到普遍性的发展规律。

随着全球化的深入，当今世界面临的全球性问题日益变化多样，有的挑战日益严峻，迫切需要深刻认识和把握共同面临的主要全球性问题及其发展趋势，加强全球治理合作。

比如人口问题。一方面，人口数量增长过快。据联合国权威机构公布的数据，预计全球人口将由2015年的73亿增加到2023年的81亿和2050的96亿；全球人口最终能稳定在105亿或110亿左右。全球人口的大量高速增长，引发全球性的生态破坏、环境污染、资源短缺、贫困加深等问题。发展中国家问题尤其明显，全球发展目标和议程难以预期实现，可能会出现局部危机。另一方面，人口老龄化趋势明显。联合国发布的最新报告显示，全球人口中有5亿多人年龄在60岁或以上（占全球总人口近8%），劳动年龄人口比重不足。人口老龄化给世界各国的思想、经济、社会、政治、文化等都带来深刻影响，老龄人口的养老、医疗、社会服务等方面服务的缺口越来越突出，对全要素社会生产率产生较大影响。对包括中国在内的一些发展中国家而言，随着人口战略的调整，出现"未富先老"现象，构成的挑战前所未有。

比如资源稀缺现象。在现有发展方式和消费方式支配下，全球性资源问题有所突出。世界自然基金会2002年发表报告《活着的地球》指出，由于目前人类对自然资源的利用超出其更新能力到20%，如果各国政府再不进行干预，2030年后人类的整体生活水平将会下降。报告揭示，由于人类的过度消耗，在过去的30年间，地球上的生物种类减少35%，其中淡水生物减少了54%；海洋生物种类减少35%；树木种类减少15%。绿色和平组织估计，近100年来，全世界的原始森林有80%遭到破坏；土壤退化问题不容乐观，土壤退化导致世界人均耕地面积减少，据联合国统计，1975年至2000年，世界人均耕地面积大约减少50%。联合国发布的2015年《世界水资源开发报告》指出，从目前的走势来看，到了2030年，世界各地面对的"全球水亏缺"，即对水的需求和补水之间的差距，可能高达40%。

比如环境污染程度加深。目前人类主要面临气候变暖、臭氧层的耗损与破坏、酸雨蔓延、生物多样性减少、森林锐减、土地荒漠化、大气污染、水污染、海洋污染和危险性废物越境转移等问题。受气候变化影响，全球极端天气灾害频发，给有关国家经济和人民的生命财产造成巨大损失。气候变化导致海平面持续上升，一些小岛屿国家的生存和发展面临直接威胁。联合国开发计划署发布的《2014年人类发展报告》指出，如果减少温室气体排放量的措施被延迟或减排力度不大，那么气候变化的影响将日益严重。

比如金融体系风险。随着金融衍生工具的迅速发展，经济虚拟化不可避免，全球金融体系不平衡。在过去几十年间，越来越严重、越来越频繁的金融危机及相应的经济危机在全球各地不时发生，导致全球经济局势扑朔迷离，人们的生活受到影响，社会稳定遭到破坏。随着金融政策、财政政策等的多变，债务危机等的加深，金融不稳定局势更为复杂。

类似这样的全球性问题，对全球治理提出了全新的挑战。2022年5月，习近平主席提出，要坚持真正的多边主义，践行共商共建共享的全球治理观，动员全球资源，应对全球挑战，促进全球发展。要坚持对话而不对抗、拆墙而不筑墙、融合而不脱钩、包容而不排他，以公平正义为理念引领全球治理体系变革。

作为全球治理体系的重要参与者、建设者和贡献者，中国始终从维护以联合国为核心的国际体系、以国际法为基础的国际秩序、以联合国宪章宗旨和原则为基础的国际关系基本准则出发，坚持共商共建共享的全球治理观，反对单边主义，践行多边主义，积极发展全球伙伴关系，以实际行动共同推动构建公平正义的全球治理体系。共商共建共享的全球治理观得到国际社会的广泛认可。2017年，第七十一届联合国大会通过关于"联合国与全球经济治理"决议，就将中国提出的"共商共建共享"原则写入其中。习近平主席提出"金砖+"合作理念，吸引了不少新兴市场国家和发展中国家参与。截至2022年3月，中国已与一百四十九个国家和三十二个国际组织签署二百余份共建"一带一路"合作文件。此外，中国不仅加入几乎所有普遍性政府间国际组织，参加六百多项国际公约及修正案，还向一百六十多个发展中国家提供发展援助，通过"中国项目"帮助最不发达国家参与世贸组织。

面对未来各种不确定性挑战，各国要充分认识共商共建共享的全球治理观，反映的是和平、发展、合作、共赢的价值理念，加强对话、拆除围墙、融合发展、包容成长。作为共商共建共享全球治理观的倡导者，中国将以共建"一带一路"倡议、全球发展倡议、全球安全倡议为依托，充分利用现有国际合作平台，创新国际合作机制，推动引领全球治理体系变革，与各国一道共同努力解决当前世界经济社会发展中面临的问题，一起走向更加美好的未来。

# 五、弘扬全人类共同价值

1945年4月，由五十个国家一致通过的《联合国宪章》开篇就阐明了捍卫全人类共同价值的目标："欲免后世再遭今代人类两度身历惨不堪言之战祸，重申基本人权，人格尊严与价值，以及男女与大小各国平等权利之信念，创造适当环境，俾克维持正义，尊重由条约与国际法其他渊源而起之义务，久而弗懈，促成大自由中之社会进步及较善之民生。"这些主张和愿景"奠定了现代国际秩序基石，确立了当代国际关系基本准则"，虽饱经风雨，屡遭冲击甚至背叛，但从未被绝大多数成员国抛弃。2000年9月，由一百八十九个国家签署的《联合国千年宣言》，在其第一部分"价值和原则"中就宣称：某些基本价值（fundamental values），比如，自由、平等、团结、容忍等，对21世纪的国际关系是必不可少的。

2015年9月28日，在纽约联合国总部，习近平主席在第七十届联合国大会一般性辩论发表讲话指出："和平、发展、公平、正义、民主、自由，是全人类的共同价值，也是联合国的崇高目标。目标远未完成，我们仍须努力。当今世界，各国相互依存、休戚与共。我们要继承和弘扬联合国宪章的宗旨和原则，构建以合作共赢为核心的新型国际关系，打造人类命运共同体。"[1]此后，习近平主席在许多重要双多边场合，阐述了全人类共同价值的丰富内涵及其对构建美好世界的重大意义。2020

---

1　习近平：《论坚持推动构建人类命运共同体》，中央文献出版社2018年版，第253—254页。

年10月23日，在纪念抗美援朝出国作战七十周年大会上，习近平总书记强调："中国坚守和平、发展、公平、正义、民主、自由的全人类共同价值，坚持共商共建共享的全球治理观，坚定不移走和平发展、开放发展、合作发展、共同发展道路。只要坚持走和平发展道路，同各国人民一道推动构建人类命运共同体，就一定能够迎来人类和平与发展的美好未来！"[1] 2021年1月10日，国务院新闻办发表的《新时代的中国国际发展合作》写道："中国坚守和平、发展、公平、正义、民主、自由的全人类共同价值，坚定走和平发展、开放发展、合作发展、共同发展道路。积极开展国际发展合作，是中国作为国际社会负责任成员的应尽责任和义务。中国把为人类作出新的更大贡献作为使命，愿努力为国际社会提供更多公共产品，与各国共创更加美好的未来。"[2]

党的二十大报告指出："当前，世界之变、时代之变、历史之变正以前所未有的方式展开。一方面，和平、发展、合作、共赢的历史潮流不可阻挡，人心所向、大势所趋决定了人类前途终归光明。另一方面，恃强凌弱、巧取豪夺、零和博弈等霸权霸道霸凌行径危害深重，和平赤字、发展赤字、安全赤字、治理赤字加重，人类社会面临前所未有的挑战。世界又一次站在历史的十字路口，何去何从取决于各国人民的抉择。"全人类共同价值反映了中国共产党对全人类价值追求的规律性认知，体现了对世界大势和时代潮流的深刻把握，对解决全球治理赤字、信任赤字、和平赤字和发展赤字的积极思考，对各国人民共同价值指向的科学概括。

全人类共同价值是对马克思主义人类价值理念的继承发展。马克思

---

1　习近平：《论中国共产党历史》，中央文献出版社2021年版，第300—301页。
2　中华人民共和国国务院新闻办公室：《新时代的中国国际发展合作》，《人民日报》2021年1月11日。

的整个理论思维都把人类命运、人类自由解放置于中心地位，从现实关系中把握人类的存在状况及其趋向，共产主义就是使人类中的多数摆脱被奴役、被剥削的地位。在马克思看来，"人是人的最高本质……从而也归结为这样的绝对命令：**必须推翻使人成为被侮辱、被奴役和被蔑视的东西的一切关系**"[1]。

全人类共同价值的全人类性，是中国传统哲学的天下观在当代的体现。虽然中国古代的"天下"概念在地理外延上并非整个地球，但在概念的内涵意义上，首先，可以自然直观地看作整个天空之下的人类所居住的世界。客观地看，古代中国人，对人类世界疆域的认知由于受到地理知识的局限，并没有一个完整的地球概念，但这并不妨碍中国传统哲学的"天下"概念在当代条件下发挥作用。中国传统的"天下"概念是一个至大无外的包括海内外之宇宙的概念，因而在概念外延意义上完全可经过现代的转换而成为我们所说的全球意义上的概念。其次，这一"天下"概念就是古代中国人的人类世界概念。天下者，天下人之天下。天下并非指没有人类生存的地理空间，而是一个超越国家但包括国家的人类社会概念。在概念涵义上，至大无外的天下完全可以转换为当代的全球性概念和全人类之总体。

各国历史、文化、制度、发展水平不尽相同，但各国人民都追求和平、发展、公平、正义、民主、自由的全人类共同价值。我们要本着对人类前途命运高度负责的态度，做全人类共同价值的倡导者，以宽广胸怀理解不同文明对价值内涵的认识，尊重不同国家人民对价值实现路径的探索，把全人类共同价值具体地、现实地体现到实现本国人民利益的

---

1　《马克思恩格斯选集》第1卷，人民出版社2012年版，第10页。

实践中去。长期以来，西方资本主义社会支配下的世界体系中，占主导地位的是代表资产阶级利益的自由、平等、博爱为核心的"普世价值"。实践证明，资本主义推行"普世价值"，本质上是在世界范围内最大限度实现和保护私人资产阶级的既得利益和秩序，具有明显的阶级性、虚伪性。所谓"普世价值"是少数西方国家主导的，具有虚伪性、排他性，完全是西方中心论，是一种制度和文化的霸权和傲慢。同时，他们将一定历史时期和少数国家所主张的具有特定含义的东西说成普遍适用于所有时代和所有国家的东西，将其绝对化、永恒化，这是一种历史唯心主义。习近平总书记深刻指出：和平与发展是我们的共同事业，公平正义是我们的共同理想，民主自由是我们的共同追求。全人类共同价值构成一个有机联系的整体，贯通个人、国家、世界多个层面，蕴含着不同文明对价值内涵和价值实现的共通点。和平是各国人民的共同期盼，是世界稳定的重要前提；发展是各国必须坚持的第一要务，是增进人类福祉的有效途径；和平与发展是人类的共同事业，也是当今时代的主题，关乎所有人的生存权和发展权。和平孕育发展生机，发展保障持久和平。和平如同空气，各国日用而不觉，失之则共同蒙难。一部国际关系史，可以说也是一部人类不懈追求和平、巩固和平的历史。只有各国共同肩负维护和平的责任，人类才能享受和平的阳光雨露。发展是保障人民基本权利、满足人民对美好生活热切向往的根本途径。而今，国际社会发展不平衡、不均衡现象和问题尚未得到实质性改变，维护各国的正当发展权利，不断改善欠发达国家和地区的发展条件，实现各个国家和群体的共同发展、可持续发展，依然任重道远。公平、正义是国际关系和国际秩序的基础，是人们的共同诉求，是解决当今国际问题的原则；主权平等是国与国规范彼此关系的重要准则，也是联合国及所有机构、组织共同遵循的首要原则，在这一点上，各国已形成高度共识。国家不分大小、强弱、贫富一律平等，主权和尊严必须得到尊重，内政不容干涉，反对以强凌弱，反对把自己意志强加于人。确保国际规则的平等统一适用，不能"合则用、不合则弃"，更不能搞双重标准、多重标准。民主是现代社会的政治要求，核心在于实现大多数人的利益，实现社会关系的规范化制度化；自由是人类内在的需要，是社会进步、社会理想的体现。从国际层面来说，民主意味着各国平等参与国际事务，共同掌握世界命运，遵循共商共建共享原则参与国际治理等。自由意味着每个国家都有自主选择发展道路和发展模式的权利，各国要彼此尊重对方开展正常正当经济文化活动的权利。这些理念共同构成的全人类共同价值超越了意识形态、社会制度和发展水平差异，体现了对全人类共同价值追求内涵的客观全面理解，体现了对不同国家探索价值实现方式和路径的应有尊重，体现了对不同国家人民追求幸福生活平等权利的支持，得到了国际社会的广泛认同。

# 第十一章　文化自信的科学指引是什么？

习近平文化思想的提出，回答了新时代文化建设的一系列基本问题，构成了习近平新时代中国特色社会主义思想的文化篇，为坚定文化自信、以文化自信推动各项工作提供了全面深入的科学理论基础和实践抓手。

## 一、文化建设提升到一个新的历史高度

马克思主义有着宽广无私的文化追求，所要建设的新世界新社会不仅是一个拥有高度发达物质基础的理想社会，而且是有着完全新型文化观念及与之相适应的一整套新的上层建筑的新社会。这就对与经济建设同步的文化建设和其他建设提出了很高的要求。

习近平总书记在新时代文化建设方面提出了一系列新思想新观点新论断，是新时代党领导文化建设实践经验的理论总结，深刻回答了新时代我国文化建设举什么旗、走什么路、坚持什么原则、实现什么目标等

根本问题，丰富和发展了马克思主义文化理论，构成了习近平新时代中国特色社会主义思想的文化篇，形成了习近平文化思想。习近平文化思想是我国社会主义文化强国建设的时代产物和理论形态，适应中国特色社会主义文化繁荣发展的时代需要而产生。

党的十八大以来，以习近平同志为核心的党中央十分重视文化建设，推动新时代宣传思想文化事业取得历史性成就，并在实践探索和经验总结中将文化建设理论提升到新的历史高度。习近平总书记立足新时代中国式现代化文化建设的实际，紧扣时代脉搏，总揽文化建设全局，从党的二十大对文化强国建设的新部署，到文化传承发展座谈会对新时代党领导文化建设实践经验的总结，再到全国宣传思想文化工作会议"七个着力"的重要要求，对我国社会主义文化建设作出总体谋划，明确了新时代文化建设的路线图和任务书。2024年12月，《习近平文化思想学习纲要》出版。习近平文化思想视域开阔，体系完备，涵盖我国社会主义文化建设各个领域和各个方面，为新时代建设中华民族现代文明、不断铸就中华文化新辉煌提供科学行动指南。

习近平总书记以强烈的问题意识，积极探索和遵循中国特色社会主义文化建设的客观规律，关切人民群众对高品质精神文化生活的需要，提出关于文化建设的一系列新思想新观点新论断，明确"意识形态工作是党的一项极端重要的工作"，提出"两个结合"特别是"第二个结合"的重大论断，聚焦"用党的创新理论武装全党、教育人民"的首要政治任务，规划"建设社会主义文化强国"的长远目标。这些原创性观点大大拓展了文化建设的认识和实践。

习近平文化思想的形成和发展，标志着我们党对中国特色社会主义文化建设规律性认识达到了新高度，表明我们党的历史自信、文化自信达到了新高度。

## 二、马克思主义中国化时代化新飞跃的重要篇章

"坚持把马克思主义基本原理同中国具体实际相结合、同中华优秀传统文化相结合"是习近平总书记在庆祝中国共产党成立一百周年大会上的重要讲话中提出的重大论断。在文化传承发展座谈会上，习近平总书记从五个方面深刻阐释了把马克思主义基本原理同中华优秀传统文化相结合的重大意义、重要内涵，强调了"'第二个结合'是又一次的思想解放，让我们能够在更广阔的文化空间中，充分运用中华优秀传统文化的宝贵资源，探索面向未来的理论和制度创新"，"在五千多年中华文明深厚基础上开辟和发展中国特色社会主义，把马克思主义基本原理同中国具体实际、同中华优秀传统文化相结合是必由之路。这是我们在探索中国特色社会主义道路中得出的规律性的认识，是我们取得成功的最大法宝"。[1]"第二个结合"是我们党对马克思主义中国化时代化历史经验的深刻总结，是对中华文明发展规律的深刻把握，表明我们党对中国道路、理论、制度的认识达到了新高度，表明我们党的历史自信、文化自信达到了新高度，表明我们党在传承中华优秀传统文化中推进文化创新的自觉性达到了新高度。

---

1　习近平：《在文化传承发展座谈会上的讲话》，《求是》2023年第17期。

党的十八大以来，我们党坚持以马克思主义为指导，坚持解放思想、实事求是、与时俱进、求真务实，不断科学回答中国之问、世界之问、人民之问、时代之问，作出了符合中国实际和时代要求的正确回答，得出了符合客观规律的科学认识，形成了与时俱进的理论成果，更好地指导中国实践；我们党坚持古为今用、推陈出新，坚持守正不守旧、尊古不复古，把马克思主义思想精髓同中华优秀传统文化精华贯通起来、同人民群众日用而不觉的共同价值观念融通起来，以中国式现代化赋予中华文明现代力量，以中华文明赋予中国式现代化深厚底蕴，推动中华优秀传统文化创造性转化、创新性发展取得一系列重大成果和重要经验，中华优秀传统文化、中华民族现代文明以前所未有的崭新姿态呈现在世人面前。"两个结合"巩固了中华民族的文化主体性，创立习近平新时代中国特色社会主义思想，就是这一文化主体性的最有力体现。

习近平文化思想坚守马克思主义这个魂脉和中华优秀传统文化这个根脉，有效地把马克思主义思想精髓同中华优秀传统文化精华贯通起来，谱写了马克思主义文化理论发展新篇章，是"两个结合"的重大成果。

马克思主义文化理论以人的实践为出发点，强调人在劳动中改造了自然、创造了自己，形成了人类文明。坚持文化来源于人的生产和生活实践，又对人的实践具有反作用；坚持文化本质上是社会意识的体现，人是文化发生发展的原因和动力；坚持只有进步的、先进的文化才会对社会和历史发展产生推动作用，从而被继承和发展；坚持客观世界是随着实践的发展不断变化的，文化也必然随着实践和时代的发展不断发展；等等。习近平文化思想的一系列新思想新观点新论断，丰富和发展了马克思主义文化理论。

马克思主义和中华优秀传统文化来源不同，但彼此存在高度的契合性。习近平文化思想坚持把马克思主义基本原理同中华优秀传统文化相结合，既自觉用中华优秀传统文化充实马克思主义的文化生命，推动马克思主义显示出日益鲜明的中国风格与中国气派，推动中国化马克思主义成为中华文化和中国精神的时代精华；又自觉用马克思主义的真理之光，激活中华优秀传统文化中富有生命力的优秀因子并赋予其新的时代内涵，使历史中国的深厚底蕴与现实中国的崭新气象相融通，让马克思主义成为中国的，中华优秀传统文化成为现代的，引领中华文化发展迈向新阶段，巩固了我们的文化主体性，让经由"结合"而形成的新文化成为中国式现代化的文化形态，造就了一个有机统一的新的文化生命体。

习近平文化思想彰显了高度的文化自觉、深沉的文化自信、勇毅的文化担当，既是我们文化主体性的重要体现，也为我们坚守中华文化立场、立足当代中国现实、结合当今时代条件，在守正创新中构筑中华文化新气象、激扬中华文明新活力，在新的起点上不断巩固文化主体性，积极发展反映时代要求、具有时代特色的新文化，全面推进文化强国建设，奠定了深厚的理论基础。

## 三、文化事业发展任重道远

提出习近平文化思想，毫无疑义表明我们对中国特色社会主义文化建设规律的认识达到了新高度、跃上了新层次。有关习近平文化思想的丰富内涵，习近平总书记多次作出相关的概括。

2018年8月，习近平总书记在全国宣传思想工作会议上发表的重要讲话中，系统总结了党的十八大以来宣传思想工作的理论创新，并归纳为"九个坚持"："坚持党对意识形态工作的领导权，坚持思想工作'两个巩固'的根本任务，坚持用新时代中国特色社会主义思想武装全党、教育人民，坚持培育和践行社会主义核心价值观，坚持文化自信是更基础、更广泛、更深厚的自信，是更基本、更深沉、更持久的力量，坚持提高新闻舆论传播力、引导力、影响力、公信力，坚持以人民为中心的创作导向，坚持营造风清气正的网络空间，坚持讲好中国故事、传播好中国声音。"[1]这实际上阐述了习近平文化思想的基本轮廓。比照有关习近平总书记各个方面思想的概括和总结，"九个坚持"无疑是习近平文化思想的权威概括和核心内容。

2023年6月，习近平总书记在文化传承发展座谈会上提出了实现新时代新的文化使命的要求。第一，坚定文化自信。自信才能自强。有文化自信的民族，才能立得住、站得稳、行得远。中华文明历经数千年而绵延不绝、迭遭忧患而经久不衰，这是人类文明的奇迹，也是我们自信的底气。坚定文化自信，就是坚持走自己的路。第二，秉持开放包容。开放包容始终是文明发展的活力来源，也是文化自信的显著标志。中华文明的博大气象，就得益于中华文化自古以来开放的姿态、包容的胸怀。秉持开放包容，就是要更加积极主动地学习借鉴人类创造的一切优秀文明成果。第三，坚持守正创新。对文化建设来说，守正才能不迷失自我、不迷失方向，创新才能把握时代、引领时代。新时代的文化工作

---

1　习近平：《论党的宣传思想工作》，中央文献出版社2020年版，第338页。

者必须以守正创新的正气和锐气，赓续历史文脉、谱写当代华章。这里所强调的坚定文化自信、秉持开放包容、坚持守正创新是文化建设的重要遵循。

2023年10月，习近平总书记在给全国宣传思想文化工作会议的重要指示中指出，要坚持以新时代中国特色社会主义思想为指导，全面贯彻党的二十大精神，聚焦用党的创新理论武装全党、教育人民这个首要政治任务，围绕新的文化使命，坚定文化自信，秉持开放包容，坚持守正创新，着力加强党对宣传思想文化工作的领导，着力建设具有强大凝聚力和引领力的社会主义意识形态，着力培育和践行社会主义核心价值观，着力提升新闻舆论传播力引导力影响力公信力，着力赓续中华文脉、推动中华优秀传统文化创造性转化和创新性发展，着力推动文化事业和文化产业繁荣发展，着力加强国际传播能力建设、促进文明交流互鉴，充分激发全民族文化创新创造活力，不断巩固全党全国各族人民团结奋斗的共同思想基础，不断提升国家文化软实力和中华文化影响力，为全面建设社会主义现代化国家、全面推进中华民族伟大复兴提供坚强思想保证、强大精神力量、有利文化条件。这里的"文化使命""七个着力"是文化建设的重要方面。

高质量发展逐步成为经济社会发展的主题。推动高质量发展，离不开文化事业的参与，为其提供必要的思想理念引领、过硬的人才素质支撑、相应的新兴产业体系，为其提供新的资源要素、新的动力源。文化事业和文化产业本身的发展，也要充分体现高质量发展要求，以更好满足人们对美好生活的需要、推进社会文明程度提升、推动社会主义先进文化发展。

实现文化事业和文化产业高质量发展，必须坚定不移贯彻新发展理念，推动公共文化服务标准化、均等化、普惠化，坚持政府主导、社会参与、重心下移、共建共享，完善公共文化服务体系，提高基本公共文化服务的覆盖面和适用性；健全现代文化产业体系和市场体系，加快发展新型文化企业、文化业态、文化消费模式，改造提升传统文化业态，推动文化产业全面转型升级，提高质量效益和核心竞争力。同时，在国家有关重大发展战略诸如区域发展、乡村振兴、新型城镇化、旅游产业发展等实施推进中，在发展新质生产力过程中，也要更加关注文化维度、激活文化元素、做足文化文章、用好文化力量，推动文化事业文化产业的高质量发展与经济社会的高质量发展深度融合、协同并进。随着经济社会发展，文化事业的高质量发展任务更为繁重。

## 四、习近平文化思想是做好新征程宣传思想文化工作的根本遵循

党的十八大以来，面对新形势新任务新挑战，以习近平同志为核心的党中央在领导党和人民推进治国理政的实践中，把文化建设摆在全局工作的重要位置，举旗定向、谋篇布局，正本清源、守正创新，围绕在新的历史起点上继续推动文化繁荣、建设文化强国，对宣传思想文化工作作出一系列重大决策部署，推动新时代宣传思想文化事业取得历史性成就，意识形态领域形势发生全局性、根本性转变。新时代党的创新理论深入人心，社会主义核心价值观广泛传播，中华优秀传统文化创造性

转化、创新性发展不断推进，文化事业和文化产业日益繁荣，网络生态持续向好，全党全国各族人民文化自信明显增强、精神面貌更加奋发昂扬，焕发出更为强烈的历史自觉和主动精神，正在信心百倍书写着新时代中国发展的伟大历史，为实现中华民族伟大复兴注入了更为主动的精神力量。

习近平总书记提出在新的起点上继续推动文化繁荣、建设文化强国，围绕新的文化使命对文化工作作出部署要求，强调聚焦用党的创新理论武装全党、教育人民这个首要政治任务，强调"坚定文化自信，秉持开放包容，坚持守正创新"，并提出"七个着力"的重要要求。这些重要论述与习近平总书记2018年8月在全国宣传思想工作会议上提出的"九个坚持"、2023年6月在文化传承发展座谈会上明确的文化建设方面的"十四个强调"，一脉相承、各有侧重、贯通融合。《习近平文化思想学习纲要》从十二个方面作出了全面概括。

学习贯彻习近平文化思想既要重学习又要重实践，在深化理论武装上下功夫，在提高舆论引导能力上下功夫，在改进创新精神文明建设上下功夫，在促进文化繁荣上下功夫，在增强国际传播效能上下功夫，在防范化解意识形态风险上下功夫，切实把这一重要思想贯彻落实到宣传思想文化工作各方面和全过程。

习近平文化思想博大精深，不仅有深邃的观点、战略的谋划、科学的部署，还教给我们正确的立场、管用的方法。要全面学习领会，既准确理解其中的重要概念和提法，又加强系统性、整体性把握，吃透基本精神，领会核心要义，明确实践要求，做到学有所悟、融会贯通。要深入领会这一重要思想蕴含的重大创新观点、科学方法论和关于文化建设的战略部署，深刻认识这一重要思想是一个不断展开的、开放式的、科学系统的思想体系，必将随着实践深入不断丰富发展。

## 五、把握处理好体用之间的关系

"体"是某种观念所采取的外在形式或途径，"用"是其在实践中产生的作用效果。有什么样的"体"就有什么样的"用"，什么样的"用"对应着相应的"体"。体用不二、体用相通是中华传统文化的重要观点；明体达用、体用贯通是习近平文化思想的重要特征。体、用的争论，随着近代西方文化的侵入而引发了激荡的争论，中体为本还是西体为用，抑或在二者之间，有较大的争议。事实证明，中华传统文化不能抛弃，西方文化不能"拿来主义"。

习近平文化思想的"体"，体现在习近平总书记关于文化理论观点的创新和突破上，主要是习近平总书记关于宣传思想文化工作所作的一系列新的重要论述。

第一，关于坚持党的文化领导权的重要论述。坚持党的文化领导权，是习近平总书记深刻总结党的历史经验、洞察时代发展大势提出来的，充分体现了对新时代文化地位作用的深刻认识，体现了对党的意识形态工作的科学把握。习近平总书记指出，意识形态关乎旗帜、关乎道路、关乎国家政治安全。"经济建设是党的中心工作，意识形态工作是党的一项极端重要的工作。面对改革发展稳定复杂局面和社会思想意识多元多样、媒体格局深刻变化，在集中精力进行经济建设的同时，一刻

也不能放松和削弱意识形态工作，必须把意识形态工作的领导权、管理
权、话语权牢牢掌握在手中，任何时候都不能旁落，否则就要犯无可挽
回的历史性错误。"[1]党管宣传、党管意识形态、党管媒体是坚持党的领
导的重要方面，要"坚持政治家办报、办刊、办台、办新闻网站"。"政
治家办报"，最早是毛泽东同志提出的，1957年毛泽东同志对《人民日
报》提出了"政治家办报"的要求。自此以后，党中央一直强调要"政
治家办报"。习近平总书记根据形势和任务的发展变化，将"政治家办
报"的要求扩展到办刊、办台、办新闻网站。他实际上强调的是党的文
化领导权的问题，强调的是意识形态领域领导干部的政治素养和政治能
力问题。习近平总书记指出："所有宣传思想部门和单位，所有宣传思
想战线上的党员、干部，都要旗帜鲜明坚持党性原则。"要全面落实意
识形态工作责任制，"各级党委要负起政治责任和领导责任，把宣传思
想工作摆在全局工作的重要位置，加强对宣传思想领域重大问题的分析
研判和重大战略性任务的统筹指导"；"宣传思想战线的同志要履行好自
己的神圣职责和光荣使命，以战斗的姿态、战士的担当，积极投身宣传
思想领域斗争一线"；"要牢牢掌握意识形态工作领导权"；"建设具有强
大凝聚力和引领力的社会主义意识形态"。[2]

第二，关于推动物质文明和精神文明协调发展的重要论述。习近平
总书记指出，实现中华民族伟大复兴的中国梦，物质财富要极大丰富，
精神财富也要极大丰富。中国式现代化是物质文明和精神文明相协调的

---

1　中共中央党史和文献研究院编：《习近平关于社会主义精神文明建设论述摘编》，中央文献出版社2022
　　年版，第68页。
2　中共中央党史和文献研究院编：《习近平关于社会主义精神文明建设论述摘编》，中央文献出版社2022
　　年版，第3、10、76、85页。

现代化。物质富足、精神富有是社会主义现代化的根本要求。物质贫困
不是社会主义，精神贫乏也不是社会主义。"我们要继续锲而不舍、一
以贯之抓好社会主义精神文明建设，为全国各族人民不断前进提供坚强
的思想保证、强大的精神力量、丰润的道德滋养。""人无精神则不立，
国无精神则不强。精神是一个民族赖以长久生存的灵魂，唯有精神上达
到一定的高度，这个民族才能在历史的洪流中屹立不倒、奋勇向前。"
我们应不断厚植现代化的物质基础，不断夯实人民幸福生活的物质条
件，同时大力发展社会主义先进文化，加强理想信念教育，传承中华文
明，促进物的全面丰富和人的全面发展。加强思想道德建设，深入实施
公民道德建设工程，加强和改进思想政治工作，推进新时代文明实践中
心建设，不断提升人民思想觉悟、道德水准、文明素养和全社会文明程
度；深入开展群众性精神文明创建活动；深化文明城市、文明村镇、文
明单位、文明家庭、文明校园创建工作，推进诚信建设和志愿服务制度
化，提高全社会道德水平；深入挖掘、继承、创新优秀传统乡土文化，
弘扬新风正气，推进移风易俗，培育文明乡风、良好家风、淳朴民风，
焕发乡村文明新气象。

第三，关于"两个结合"的根本要求的重要论述。习近平总书记指
出，新的征程上，我们必须"坚持把马克思主义基本原理同中国具体实
际相结合、同中华优秀传统文化相结合"，这是习近平总书记在庆祝中
国共产党成立一百周年大会上的讲话中第一次提出来的。只有立足波澜
壮阔的中华五千多年文明史，才能真正理解中国道路的历史必然、文
化内涵与独特优势。习近平总书记强调，历史正反两方面的经验表明，
"两个结合"是我们取得成功的最大法宝。

第四，关于担负新的文化使命的重要论述。习近平总书记指出，"宣传思想工作就是要巩固马克思主义在意识形态领域的指导地位，巩固全党全国各族人民团结奋斗的共同思想基础"，"做好新形势下宣传思想工作，必须自觉承担起举旗帜、聚民心、育新人、兴文化、展形象的使命任务"。[1]他强调，要坚持中国特色社会主义文化发展道路，发展社会主义先进文化，弘扬革命文化，传承中华优秀传统文化，激发全民族文化创新创造活力，增强实现中华民族伟大复兴的精神力量。

第五，关于坚定文化自信的重要论述。习近平总书记指出："一个国家、一个民族的强盛，总是以文化兴盛为支撑的，中华民族伟大复兴需要以中华文化发展繁荣为条件。"[2]坚定中国特色社会主义道路自信、理论自信、制度自信，说到底是要坚定文化自信，文化自信是更基础、更广泛、更深厚的自信，是更基本、更深沉、更持久的力量。中华文明历经数千年而绵延不绝、迭遭忧患而经久不衰，这是人类文明的奇迹，也是我们自信的底气。坚定文化自信，就是坚持走自己的路。"坚定文化自信的首要任务，就是立足中华民族伟大历史实践和当代实践，用中国道理总结好中国经验，把中国经验提升为中国理论。"[3]

第六，关于培育和践行社会主义核心价值观的重要论述。习近平总书记指出："如果没有共同的核心价值观，一个民族、一个国家就会魂无定所、行无依归。""核心价值观是一个国家的重要稳定器，能否构建具有强大感召力的核心价值观，关系社会和谐稳定，关系国家长治久

---

1　习近平：《论党的宣传思想工作》，中央文献出版社2020年版，第14、339页。
2　中共中央党史和文献研究院编：《习近平关于社会主义精神文明建设论述摘编》，中央文献出版社2022年版，第18页。
3　习近平：《在文化传承发展座谈会上的讲话》，《求是》2023年第17期。

安。""人类社会发展的历史表明，对一个民族、一个国家来说，最持久、最深层的力量是全社会共同认可的核心价值观。核心价值观，承载着一个民族、一个国家的精神追求，体现着一个社会评判是非曲直的价值标准。""富强、民主、文明、和谐是国家层面的价值要求，自由、平等、公正、法治是社会层面的价值要求，爱国、敬业、诚信、友善是公民层面的价值要求。这个概括，实际上回答了我们要建设什么样的国家、建设什么样的社会、培育什么样的公民的重大问题。""核心价值观的养成绝非一日之功，要坚持由易到难、由近及远，努力把核心价值观的要求变成日常的行为准则，进而形成自觉奉行的信念理念。""要注意把社会主义核心价值观日常化、具体化、形象化、生活化，使每个人都能感知它、领悟它，内化为精神追求，外化为实际行动，做到明大德、守公德、严私德。"[1]他还要求，弘扬以伟大建党精神为源头的中国共产党人精神谱系，用好红色资源。要以培养担当民族复兴大任的时代新人为着眼点，强化教育引导、实践养成、制度保障，发挥社会主义核心价值观对国民教育、精神文明创建、精神文化产品创作生产传播的引领作用，把社会主义核心价值观融入社会发展各方面，转化为人们的情感认同和行为习惯。坚持全民行动、干部带头，从家庭做起，从娃娃抓起。深入挖掘中华优秀传统文化蕴含的思想观念、人文精神、道德规范，结合时代要求继承创新，让中华文化展现出永久魅力和时代风采。

第七，关于铸牢中华民族共同体意识的重要论述。党的十八大以

---

[1]  中共中央党史和文献研究院编：《习近平关于社会主义精神文明建设论述摘编》，中央文献出版社2022年版，第20、98、103、104、109页。

来，我们党强调中华民族大家庭、中华民族共同体意识、推进中华民族共同体建设等理念，鲜明提出把铸牢中华民族共同体意识作为新时代党的民族工作的主线、作为民族地区各项工作的主线，进一步拓展中国特色解决民族问题的正确道路，形成了加强和改进民族工作的重要思想。铸牢中华民族共同体意识，就是要引导各族人民牢固树立休戚与共、荣辱与共、生死与共、命运与共的共同体理念。为此，要构建科学完备的中华民族共同体理论体系，不断构筑中华民族共有精神家园，促进各民族广泛交往交流交融，讲好中华民族故事，大力宣介中华民族共同体意识。

第八，关于掌握信息化条件下舆论主导权、广泛凝聚社会共识的重要论述。习近平总书记站在时代和科技前沿，对如何做好信息化条件下宣传思想文化工作进行了深邃思考。习近平总书记指出，当今世界，一场新的全方位综合国力竞争正在全球展开。能不能适应和引领互联网发展，成为决定大国兴衰的一个关键。世界各大国均把信息化作为国家战略重点和优先发展方向，围绕网络空间发展主导权、制网权的争夺日趋激烈，世界权力图谱因信息化而被重新绘制，互联网成为影响世界的重要力量。当今世界，谁掌握了互联网，谁就把握住了时代主动权；谁轻视互联网，谁就会被时代所抛弃。一定程度上可以说，得网络者得天下。习近平总书记深刻指出："要把网信工作摆在党和国家事业全局中来谋划，切实加强党的集中统一领导。"[1]他特别提出："管好用好互联网，是新形势下掌控新闻舆论阵地的关键，重点要解决好谁来管、怎么管的问题。""我们要本着对社会负责、对人民负责的态度，依法加强网

---

[1] 《习近平著作选读》第2卷，人民出版社2023年版，第147页。

络空间治理，加强网络内容建设，做强网上正面宣传，培育积极健康、向上向善的网络文化，用社会主义核心价值观和人类优秀文明成果滋养人心、滋养社会，做到正能量充沛、主旋律高昂，为广大网民特别是青少年营造一个风清气正的网络空间。""随着5G、大数据、云计算、物联网、人工智能等技术不断发展，移动媒体将进入加速发展新阶段。要坚持移动优先策略，建设好自己的移动传播平台，管好用好商业化、社会化的互联网平台，让主流媒体借助移动传播，牢牢占据舆论引导、思想引领、文化传承、服务人民的传播制高点。"[1]

第九，关于以人民为中心的工作导向的重要论述。习近平总书记指出："文艺要反映好人民心声，就要坚持为人民服务、为社会主义服务这个根本方向。""以人民为中心，就是要把满足人民精神文化需求作为文艺和文艺工作的出发点和落脚点，把人民作为文艺表现的主体，把人民作为文艺审美的鉴赏家和评判者，把为人民服务作为文艺工作者的天职。"[2]他强调，哲学社会科学研究要坚持以马克思主义为指导，核心要解决好为什么人的问题。为什么人的问题是哲学社会科学研究的根本性、原则性问题。我国哲学社会科学为谁著书、为谁立说，是为少数人服务还是为绝大多数人服务，是必须搞清楚的问题。我国哲学社会科学要有所作为，就必须坚持以人民为中心的研究导向。脱离了人民，哲学社会科学就不会有吸引力、感染力、影响力、生命力。我国广大哲学社会科学工作者要坚持人民是历史创造者的观点，树立为人民做学问的理想，尊重人民主体地位，聚焦人民实践创造，自觉把个人学术追求同国家和

1　中共中央党史和文献研究院编：《习近平关于网络强国论述摘编》，中央文献出版社2021年版，第3、71—72、82页。

2　习近平：《在文艺工作座谈会上的讲话》，《人民日报》2015年10月15日。

民族发展紧紧联系在一起，努力多出经得起实践、人民、历史检验的研究成果。

第十，关于保护历史文化遗产的重要论述。习近平总书记对文化遗产保护高度重视，展现了强烈的文明担当、深沉的文化情怀。习近平总书记指出，中华文明探源工程等重大工程的研究成果，实证了中华民族百万年的人类史、一万年的文化史、五千多年的文明史。习近平总书记强调，历史文化遗产不仅属于我们这一代人，也属于子孙万代。"革命文物承载党和人民英勇奋斗的光荣历史，记载中国革命的伟大历程和感人事迹，是党和国家的宝贵财富，是弘扬革命传统和革命文化、加强社会主义精神文明建设、激发爱国热情、振奋民族精神的生动教材。"[1]中华文化是我们提高国家文化软实力最深厚的源泉，是我们提高国家文化软实力的重要途径。要使中华民族最基本的文化基因与当代文化相适应、与现代社会相协调，以人们喜闻乐见、具有广泛参与性的方式推广开来，把跨越时空、超越国度、富有永恒魅力、具有当代价值的文化精神弘扬起来，把继承传统优秀文化又弘扬时代精神、立足本国又面向世界的当代中国文化创新成果传播出去。要系统梳理传统文化资源，让收藏在博物馆里的文物、陈列在广阔大地上的遗产、书写在古籍里的文字都活起来。"要敬畏历史、敬畏文化、敬畏生态，全面保护好历史文化遗产，统筹好旅游发展、特色经营、古城保护，筑牢文物安全底线，守护好前人留给我们的宝贵财富。"[2]他强调，要坚持古为今用、以古鉴今，

---

1　中共中央党史和文献研究院编：《习近平关于社会主义精神文明建设论述摘编》，中央文献出版社2022年版，第164页。

2　中共中央党史和文献研究院编：《习近平关于社会主义精神文明建设论述摘编》，中央文献出版社2022年版，第235页。

坚持有鉴别的对待、有扬弃的继承,而不能搞厚古薄今、以古非今,努力实现传统文化的创造性转化、创新性发展,使之与现实文化相融相通,共同服务以文化人的时代任务,为更好建设中华民族现代文明提供借鉴。他要求:"各级党委和政府要增强对历史文物的敬畏之心,树立保护文物也是政绩的科学理念,统筹好文物保护与经济社会发展,全面贯彻'保护为主、抢救第一、合理利用、加强管理'的工作方针,切实加大文物保护力度,推进文物合理适度利用,使文物保护成果更多惠及人民群众。各级文物部门要不辱使命,守土尽责,提高素质能力和依法管理水平,广泛动员社会力量参与,努力走出一条符合国情的文物保护利用之路,为实现'两个一百年'奋斗目标、实现中华民族伟大复兴的中国梦作出更大贡献。"[1]

第十一,关于构建中国话语和中国叙事体系的重要论述。习近平总书记提出增强我国国际话语权的重要任务并摆上突出位置,体现了宽广的世界眼光和高超的战略思维。习近平总书记指出,要"增强中华文明传播力影响力。坚守中华文化立场,提炼展示中华文明的精神标识和文化精髓,加快构建中国话语和中国叙事体系,讲好中国故事、传播好中国声音,展现可信、可爱、可敬的中国形象"[2],"讲清楚中国人的宇宙观、天下观、社会观、道德观,展现中华文明的悠久历史和人文底蕴,促使世界读懂中国、读懂中国人民、读懂中国共产党、读懂中华民族"。他认为,讲故事,是国际传播的最佳方式——要讲好中国特色社会主义的故事,讲好中国梦的故事,讲好中国人的故事,讲好中华优秀

---

1 中共中央党史和文献研究院编:《习近平关于社会主义文化建设论述摘编》,中央文献出版社2017年版,第190—191页。

2 《习近平著作选读》第1卷,人民出版社2023年版,第37—38页。

文化的故事，讲好中国和平发展的故事。讲故事就是讲事实、讲形象、讲情感、讲道理，讲事实才能说服人，讲形象才能打动人，讲情感才能感染人，讲道理才能影响人。习近平总书记要求，要组织各种精彩、精练的故事载体，把中国道路、中国理论、中国制度、中国精神、中国力量寓于其中，使人想听爱听，听有所思，听有所得。要创新对外话语表达方式，研究国外不同受众的习惯和特点，采用融通中外的概念、范畴、表述，把我们想讲的和国外受众想听的结合起来，把"陈情"和"说理"结合起来，把"自己讲"和"别人讲"结合起来，使故事更多为国际社会和海外受众所认同。要加强国际传播能力建设，全面提升国际传播效能，形成同我国综合国力和国际地位相匹配的国际话语权。要推动中华文化更好走向世界。要完善人文交流机制，创新人文交流方式，发挥各地区各部门各方面作用，综合运用大众传播、群体传播、人际传播等多种方式展示中华文化魅力。

第十二，关于促进文明交流互鉴的重要论述。习近平主席提出了弘扬全人类共同价值、落实全球文明倡议等重要理念、重大主张，着眼的就是开放包容，为推动人类文明进步、应对全球共同挑战提供了战略指引。"文明因交流而多彩，文明因互鉴而丰富。文明交流互鉴，是推动人类文明进步和世界和平发展的重要动力。""历史告诉我们，只有交流互鉴，一种文明才能充满生命力。"推动文明交流互鉴，可以丰富人类文明的色彩，让各国人民享受更富内涵的精神生活、开创更有选择的未来。"我们应该推动不同文明相互尊重、和谐共处，让文明交流互鉴成为增进各国人民友谊的桥梁、推动人类社会进步的动力、维护世界和平的纽带。我们应该从不同文明中寻求智慧、汲取营养，为人们提供精神支撑和心灵慰藉，携手解决人类共同面临的各种挑战。"[1]"文明没有高下、优劣之分，只有特色、地域之别。""每一种文明都扎根于自己的生存土壤，凝聚着一个国家、一个民族的非凡智慧和精神追求，都有自己存在的价值。"[2]习近平主席指出，要担负起凝聚共识的责任，坚守和弘扬全人类共同价值。本着对人类前途命运高度负责的态度，做全人类共同价值的倡导者，以宽广胸怀理解不同文明对价值内涵的认识，尊重不同国家人民对价值实现路径的探索，把全人类共同价值具体地、现实地体现到实现本国人民利益的实践中去。他特别指出，在各国前途命运紧密相连的今天，不同文明包容共存、交流互鉴，在推动人类社会现代化进程、繁荣世界文明百花园中具有不可替代的作用。2023年3月，习近平总书记在中国共产党与世界政党高层对话会上提出了全球文明倡议："共同倡导尊重世界文明多样性"，"共同倡导弘扬全人类共同价值"，"共同倡导重视文明传承和创新"，"共同倡导加强国际人文交流合作"。[3]

以上习近平总书记关于宣传思想文化工作各方面的重要论述，构成了习近平文化思想理论体系的"四梁八柱"，构成了其中的核心观点和逻辑，是习近平文化思想之"体"的重要表现。

习近平文化思想的"用"，体现在习近平总书记关于文化工作布局的部署和要求上，主要是党的十八大以来习近平总书记对宣传思想文化工作进行的全面谋划和部署。第一，健全用党的创新理论武装全党、教

---

1　《习近平外交演讲集》第1卷，中央文献出版社2022年版，第97、99、102页。

2　《习近平外交演讲集》第2卷，中央文献出版社2022年版，第22、196页。

3　习近平：《携手同行现代化之路——在中国共产党与世界政党高层对话会上的主旨讲话》，《人民日报》2023年3月16日。

育人民、指导实践工作体系，推动新时代中国特色社会主义思想深入人心。第二，全面落实意识形态工作责任制，发扬敢于斗争的精神，增强善于斗争的能力。第三，推动理想信念教育常态化制度化，传承红色基因、赓续红色血脉，广泛开展坚持中国特色社会主义和中国梦的宣传教育。第四，要把社会主义核心价值观融入法治建设、融入社会发展、融入日常生活，深入实施公民道德建设工程，做好学校思想政治工作，统筹推动文明培育、文明实践、文明创建。第五，加快构建中国特色哲学社会科学，阐释中国道路、解读中国实践、构建中国理论。第六，坚持导向为魂、移动为先、内容为王、创新为要，打造新型传播平台，建成新型主流媒体，加快构建融为一体、合而为一的全媒体传播格局。第七，健全网络综合治理体系，推动形成良好网络生态，营造风清气正的网络空间。第八，创作生产优秀作品作为文艺工作的中心环节，推出更多同新时代相匹配的文化精品。第九，深化文化体制改革，健全现代公共文化服务体系，健全现代文化产业体系和市场体系，推进文化和旅游深度融合发展。第十，加强对中华优秀传统文化的挖掘和阐发，让中华文化展现出永久魅力和时代风采。第十一，贯彻落实坚持保护第一、加强管理、挖掘价值、有效利用、让文物活起来的工作要求，积极推进文物保护利用和文化遗产保护传承。第十二，全面推进中华民族共有精神家园建设，推动各民族树立正确的国家观、历史观、民族观、文化观、宗教观。第十三，坚持我国宗教中国化方向，积极引导宗教和社会主义社会相适应。第十四，加强国际传播能力建设，构建具有鲜明中国特色的战略传播体系，全面提升国际传播效能。第十五，深化文明交流互鉴，推动不同文明相互尊重、和谐共处，营造多元互动、百花齐放的人文交流局面，推动中华文化更好走向世界。第十六，不断增强脚力、眼力、脑力、笔力，努力打造一支政治过硬、本领高强、求实创新、能打胜仗的宣传思想工作队伍。这些方面，基本涉及了宣传思想文化工作的各个领域、各个方面，涉及了理论舆论、内宣外宣、文化文艺、网上网下、队伍阵地等。这些谋划和部署，明确了新时代文化建设的路线图和任务书，为推进文化强国建设提供了全面指引。

无论是"体"，还是"用"，习近平文化思想都体现出了强烈的创新性，提出了一系列新论断，为新时代新征程文化强国的全面建设提供了内容与形式紧密结合、相互渗透、共同推动的一系列有效思路。学习贯彻习近平文化思想，就要从学习贯彻这些承载"体""用"的关键点入手，把它们一项一项落到实处，凝心聚力取得建设中华民族现代文明的整体效能。

# 第十二章　文化自信走向何方？

增强文化自信是一个长期的历史过程，永远在路上，需要紧跟时代、不断推进。其实践要求是以文化建设上的现实作为推进中国式现代化，促进物质文明与精神文明等的有机协调，从而为民族复兴、强国进程提供强劲持续的精神文化支持。

## 一、不忘本来、吸收外来、面向未来

坚定文化自信，要求始终明确文化建设的立场、目标、方式、原则等，正确处理好内外部各种关系，引领文化建设取得新实效。要坚持不忘本来、吸收外来、面向未来，既向内看、深入研究关系国计民生的重大课题，又向外看、积极探索关系人类前途命运的重大问题；既向前看、准确判断中国特色社会主义发展趋势，又向后看、善于继承和弘扬中华优秀传统文化精华。对文化建设来说，守正才能不迷失自我、不迷失方向，创新才能把握时代、引领时代。守正，守的是马克思主义在意识形态领域指导地位的根本制度，守的是"两个结合"的根本要求，守的是中国共产党的文化领导权和中华民族的文化主体性。创新，创的是新思路、新话语、新机制、新形式，要在马克思主义指导下真正做到古为今用、洋为中用、辩证取舍、推陈出新，实现传统与现代的有机衔接。新时代的文化工作者必须以守正创新的正气和锐气，赓续历史文脉、谱写当代华章。[1]

"不忘本来"，就是坚定道路自信、理论自信、制度自信、文化自信，坚定不移地坚持以马克思主义为立党立国之本，坚持推动马克思主义中国化、时代化，坚守中华优秀传统文化，推动中华优秀传统文化创造性转化、创新性发展，做好"两个结合"。马克思主义的指导地位不可放弃和削弱，中国化时代化的马克思主义是前进中的旗帜。中华民族迎来从站起来、富起来到强起来的伟大飞跃，根本原因就在于中国特色社会主义道路、理论、制度、文化优势。中国共产党带领人民创造的激昂向上的革命文化和生机勃勃的社会主义先进文化，蕴含着中国特色社会主义崇高的价值追求和精神品格，是激励全党全国各族人民奋勇前进的强大精神力量，是推动新时代中国特色社会主义事业不断前进的力量之源。绵延五千多年的中华优秀传统文化包含丰厚的哲学思想、人文精神、道德规范，是中华民族的精神命脉，深刻影响了世界文明，具有不可磨灭的历史作用和时代价值。

"吸收外来"，就是善于借鉴吸收全人类创造的一切优秀文明成果，为铸就中华文化新辉煌不断提供各种有益的思想养料与文化资源。文明因多样而交流，因交流而互鉴，因互鉴而发展。中华文明是适应中国大

---

1　习近平：《在文化传承发展座谈会上的讲话》，《求是》2023年第17期。

地的文明，也是在与其他文明不断交流互鉴的过程中逐渐丰富、成熟、壮大的文明。善于融通国外各种有益的思想文化资源，大胆吸收借鉴人类创造的一切优秀文明成果，才能为不断铸就中华文化新辉煌源源不断地提供养料和活力。历史昭示我们，一个国家、一个民族的文化，只有广泛包容吸取外来文化的优秀元素，才会具有旺盛生命力；反之，在文化上封闭保守、妄自尊大，必然导致僵化、停滞和落后。当今世界，经济全球化、国际化潮流不可阻挡，国与国、民族与民族、文明与文明之间，你中有我、我中有你、相互依存，构成人类命运共同体是世界的共同愿景。这必然要求我们加强文明对话和文化交流，在高水平开放中实现思想人文交往互促，在"各美其美"中实现"美人之美，美美与共"。习近平总书记指出，在中外文化沟通交流中，我们要保持对自身文化的自信、耐力、定力。他还强调，热衷于"去思想化""去价值化""去历史化""去中国化""去主流化"那一套，绝对是没有前途的。我们要始终坚持自身文化的主体地位，自信而有原则地吸收他人之长，不盲目选择，更不搞全盘西化。对待外来文化，要立足国情进行中国化，去粗取精、去伪存真，使外来文化中优秀的、有生命力的要素在中国大地上生根发芽、开花结果，成为中华文化建设的有机组成部分。

"面向未来"，就是保持文化的活力源泉，勇于站在全人类文明历史发展进程的高度，在构建人类命运共同体的过程中，坚持和发展中国特色社会主义，推动物质文明、政治文明、精神文明、社会文明、生态文明全面协调发展，建设社会主义文化强国，创造完善人类文明新形态。要把握历史大势、顺应时代潮流，进一步深化文化体制改革，解放和发展文化生产力，发展文化事业和文化产业，通过网信事业和媒体融合发展等方式助力文化发展创新，不断增强全民族文化创造活力，让一切文化创造源泉充分涌流，推动中国特色社会主义文化发展道路越走越宽广，切实担负起新的文化使命。习近平总书记指出，文化兴国运兴，文化强民族强。没有中国特色社会主义文化的繁荣兴盛，中华民族伟大复兴是不完全的。建设中国特色社会主义文化，必须始终服从服务于实现"两个一百年"奋斗目标和中华民族伟大复兴的中国梦，助力中国式现代化历史进程。要紧紧围绕"两个一百年"奋斗目标和中华民族伟大复兴的中国梦，在继承优秀传统文化和吸收有益外来文化的基础上，不断推进文化创新发展，全面建设社会主义先进文化，推动文化由"大"变"强"，促使文化的兴盛繁荣，使中国特色社会主义文化造福于民、造福于世。

## 二、跳出古今中西之争

无论是对内提升先进文化的凝聚力感召力，还是对外增强中华文明的传播力影响力，都离不开融通中外、贯通古今。经过长期努力，我们比以往任何一个时代都更有条件破解"古今中西之争"，也比以往任何一个时代都更迫切需要一批熔铸古今、汇通中西的文化成果。[1]

中国历史上注重处理与周边和外部的关系，"总的说来，中国王朝强于周边时，功能性华夷观占据主导地位；而在中国王朝受到边外民族

---

1　习近平：《在文化传承发展座谈会上的讲话》，《求是》2023年第17期。

的胁迫或主宰时，实体华夷观颇为盛行"[1]。16世纪末至18世纪初，利玛窦、艾儒略、汤若望、南怀仁等天主教传教士来到中国，带来了西方近代自然科学，特别是天文、历法、数学等知识。对于如何处理中西文化之间的关系，当时的人士已经呈现出几种不同的态度，"古今中西之争"萌芽。

19世纪40年代，鸦片战争强力叩开古老中国的大门，中华民族陷入国家蒙辱、人民蒙难、文明蒙尘的悲惨境地。以曾国藩、李鸿章、左宗棠和张之洞等为代表的洋务派提出"师夷长技以自强"，主张在不触动既有制度的前提下，学习西方先进的科学技术。而以倭仁为代表的顽固派则把西方科学技术视为"奇技淫巧"，反对向西方学习，幻想恢复"闭关锁国"的局面。洋务派的主张在1898年被张之洞概括为"中学为体、西学为用"，即后来聚讼纷纭的"中体西用"。在19世纪中后期，还有一派倡导"西学中源"说，认为西方的科学技术是从中国传过去的，因此向西方学习只是"以中国本有之学还之于中国"。这种说法源自黄宗羲，在鸦片战争后由冯桂芬、郭嵩焘、曾纪泽和郑观应等大加倡导。

戊戌变法时期，此前具有进步意义的"中体西用"说，因为强调固守传统政治制度和伦理纲常而成为进一步学习西方政治制度的障碍。此时，"西学中源"说反倒成为康有为、梁启超、严复等改良派一时的助力，因为西方的民主、自由、平等之类的观念，特别是议会、学校之类的制度，都可以打着中国"古已有之"的旗号而照单全收。辛亥革命的失败，促使人们从民族文化上寻找原因。随着新文化运动的展开，"古

---

1　方维规：《概念的历史分量》，北京大学出版社2018年版，第9页。

今中西之争"更为深入。

所谓"古今中西之争"实质就是,如何看待古代与当代、东方与西方的文化问题,是与文化自信紧密相关的问题。在人类文明发展史上,不同的文明各有风采,也都在当时的历史条件下创造各自的文化成就。但是,在不同的时代背景下创造的文化各不相同,产生的社会影响大小不一,在生产力水平不高的前提下,文化的辐射力和影响力必然受到局限,只有建立在一定经济水平之上的文化实力才能得到关注和认同。近代的"古今中西之争"反映的是在剧烈的社会变迁中,对待民族文化与外来文化的态度与评价,既有主张固守"祖宗之法不可变"的思想观念,也有提倡"百分之一百的全盘西化"的价值倾向,还有"中学为体、西学为用"的折中看法,都在社会上掀起了文化论战,对中国社会发展产生了不同程度的历史影响。中国共产党在带领中国人民开展革命斗争和社会主义建设的过程中,从中国实际出发,创造了中国革命文化和社会主义先进文化,寻找破解"古今中西之争"的文化道路,为中国革命胜利和社会主义现代化建设提供了文化支撑和思想支持。在中国革命取得胜利的前夜,毛泽东同志豪迈宣告:"自从中国人学会了马克思列宁主义以后,中国人在精神上就由被动转入主动。从这时起,近代世界历史上那种看不起中国人,看不起中国文化的时代应当完结了。伟大的胜利的中国人民解放战争和人民大革命,已经复兴了并正在复兴着伟大的中国人民的文化。"[1]

习近平总书记提出让中华优秀传统文化成为现代的,显然,这是对20世纪初新文化运动的历史经验教训的新的总结——要实现文化的现

---

1　《毛泽东选集》第4卷,人民出版社1991年版,第1516页。

代化，不仅不能抛弃传统文化，还要更自觉地弘扬优秀传统文化。破解"古今之争"，要求我们做到"不复古""不守旧"，坚守传统文化中的优秀成分，在现代社会条件下对中华优秀传统文化进行创造性转化和创新性发展；破解"中西之争"，要求我们"守正创新"，以马克思主义为指导，继承中华文化传统，充分认识中国式现代化的"中国特色"，深知现代化不等于西方化，同时敢于和善于借鉴西方文化中的优秀元素。努力建设中华民族现代文明，创造人类文明新形态，就是破解"古今中西之争"的时代答案。

## 三、实现全球互利共同发展

全球发展倡议、全球安全倡议、全球文明倡议是中国于2021年、2022年、2023年相继提出的三大全球性重要倡议。"三大倡议"有力彰显中华文明鲜明的自主性、包容性、和平性精神底色，反映了新时代中国鲜明的全球治理观，已经引起世界各国有识之士与广大民众的深思与回应。

2021年9月21日，习近平主席在第七十六届联合国大会一般性辩论上的讲话中，提出了以"坚持发展优先""坚持以人民为中心""坚持普惠包容""坚持创新驱动""坚持人与自然和谐共生""坚持行动导向"的"六个坚持"为主要内容的全球发展倡议，倡导共同推动全球发展迈向平衡协调包容新阶段。讲话有力地驳斥了西方一些政治和利益集团表面宣称"多边"实际奉行"单边"的自私与伪善，强调践行相互尊重、合作共赢的国际关系理念，践行真正的多边主义；强调各国发展的自主性，明确指出"民主不是哪个国家的专利，而是各国人民的权利"。

在联合国颁布的《发展权利宣言》中，发展权利被定义为一项不可剥夺的权利，在这种发展中，所有人的人权都能得到充分实现。《发展权利宣言》特别强调，"各国应合作以促进、鼓励并加强普遍尊重和遵守全体人类的所有人权和基本自由"，"扫除……阻碍发展的障碍"，以"促进发展中国家更迅速的发展"。中国始终坚持以生存权和发展权为首要的基本人权。习近平总书记指出，生存是享有一切人权的基础，人民幸福生活是最大的人权。没有生存权、发展权，其他一切人权均无从谈起。这种"发展权优先"的观点是中国在人权问题上长期坚持的基本立场，是中国人民基于本国历史和国情在人权问题上形成的基本观念，符合人权观念发展演变的规律。

人类对发展的认识经历了一个不断演进的过程，也取得了系列发展成就。20世纪中期以来，发展主要强调经济增长。20世纪70年代到90年代，发展的内涵不断扩展，强调经济、政治、文化、社会要素的和谐发展过程。20世纪90年代后，以人为本的可持续发展观念深入人心，追求人类生存质量的改善和人的全面发展成为发展的追求和目标。2000年9月，联合国千年首脑会议制定了千年发展目标。2015年9月，联合国通过了2030年可持续发展议程。在各国共同努力下，人类在消除极端贫困与饥饿、卫生与医疗、教育普及、性别平等方面取得了显著进步。例如，2009年至2019年，世界各地的劳动生产率持续提高，一直保持正年增长率，全球范围内的失业率也恢复到2008年国际金融危机前的水平。在卫生健康方面，降低传染病发病率、改善母婴健康和提高免疫覆盖率等多个领域也都取得了进展。物质条件的改善也改变了人类的精神面貌。

各国对发展的强烈需求及科技进步等为全球发展带来了新机遇。无论是发展中国家还是发达国家都面临不同的发展问题，和平与发展仍是人类的共同愿望和美好追求。纵观人类发展，科技变化一直是推动人类发展的重要力量。当今世界正在经历第四次工业革命，新工业革命浪潮方兴未艾，物联网、云计算、大数据、人工智能、数字经济、绿色发展也在催生新业态、新模式，为人类发展提供了更广阔空间，也为发展中国家实现跨越式发展带来了新机遇。

在取得发展成绩和面临发展机遇的同时，全球发展面临一系列挑战。全球发展面临发展不充分、不均衡等突出问题，一些国家在全球发展的大潮中被边缘化，一些国家内部发展分配不均，贫富差距加大，社会分化。在世界百年未有之大变局的背景下，地区冲突、大国博弈、逆全球化等复杂因素相互交织，全球发展遭到重创。全球疫情和乌克兰危机影响交织叠加，全球产业链供应链紊乱，大宗商品价格持续上涨，国际货币基金体系和世界贸易体系面临各种难题，为各国发展蒙上阴影，而新兴市场国家和发展中国家经常最先受到影响。根据世界粮食计划署发布的2021年度报告，新冠疫情使世界大部分地区陷入封锁，各地冲突不断，全球粮食和运输价格飙升，气候紧急情况在世界各地出现，自2021年1月底以来，全球有八亿多人处于长期饥饿状态，该数字还在一直持续上升。与此同时，全球发展问题被边缘化，受地缘政治、地区冲突、大国竞争等因素影响，国际发展合作动能减弱，南北发展差距拉大，发达国家援助义务远未实现，全球发展资源缺口巨大，如期实现

2030年可持续发展目标遭受前所未有的挑战，全球发展的重要性和紧迫性更加凸显。根据联合国发布的《2023年可持续发展目标报告：特别版》，在可评估的约一百四十个具体目标中，半数目标出现中度或严重偏离预期，超过百分之三十的目标毫无进展甚至出现倒退。

作为世界上最大的发展中国家，中国一直高度重视发展问题，取得举世瞩目的发展成就。改革开放以来，中国坚持发展是硬道理，努力实现自身发展，通过发展改善民生福祉，推动社会进步。中国一直探索符合自身国情的发展道路，最终实现了从站起来、富起来到强起来的伟大飞跃。中国经济总量2021年达到一百一十四万亿多元，占世界经济比重超过百分之十八，人均GDP超过一万美元。中国成功使八亿多人摆脱贫困，占同期全球减贫人数近百分之七十五，中等收入群体的规模超过四亿，十四亿多人民走向现代化。中国用几十年时间走完了西方发达国家几百年走过的路。中国积极参与落实"联合国千年发展目标"，为实现联合国千年发展目标贡献巨大力量。当前，中国正努力把握新发展阶段，贯彻新发展理念，构建新发展格局，努力实现高质量发展。中国的发展不仅深刻改变了中国，也影响了世界。

中国在自身发展的同时，努力成为世界发展的贡献者。中国的发展离不开世界，世界的繁荣也需要中国。中国在努力实现自身发展的同时，尽己所能帮助其他发展中国家共同发展，与世界分享自己的发展机遇，让中国发展惠及世界。例如，中国提出共建"一带一路"倡议，其全面实施可使三千二百万人摆脱日均生活费低于约三美元的中度贫困状态。中国倡导成立亚洲基础设施投资银行，助力各国改善基础设施。面对新冠疫情，中国实施了新中国成立以来规模最大的全球人道主义行动，积极推动共建人类卫生健康共同体。中国坚持不仅授人以鱼，更要授人以渔，全力支持其他发展中国家减贫扶贫，改善民生，增强自主发展能力。过去五十多年来，中国向一百六十多个发展中国家，实施数千个成套项目和物资项目，开展上万个能力建设项目，提供四十多万次人员培训，为全球发展事业积极贡献力量。

面对全球发展遇到的挑战，中国顺应历史潮流，提出全球发展倡议，以构建全球发展共同体为目标，秉持发展优先，实现强劲、绿色、健康的全球发展，共创普惠平衡、协调包容、合作共赢、共同繁荣的发展格局。全球发展倡议提出后，得到国际社会积极响应，一百多个国家和地区表示支持，"全球发展倡议之友小组"成员已达五十三个。中国提出全球发展倡议，构建全球发展伙伴关系和全球发展共同体，围绕发展问题明确了中国方案。

2023年7月，习近平主席指出：发展是人类社会的永恒主题。共享发展是建设美好世界的重要路径。作为最大的发展中国家，中国始终将自身发展置于人类发展的坐标系，以自身发展为世界发展创造新机遇。全球发展倡议强调以更具包容力的合作理念，构筑共享型发展空间。它面向全球，不分南北，不讲集团政治，不以意识形态划线。它在坚持南北合作主渠道的原则下，不断开拓南南合作新场域新方式，携手各方打造开放联动的全球发展环境。全球发展倡议倡导以更加多元化的合作渠道，聚合高质量发展资源。它强调充分发挥各国政府、民营部门、社会组织、国际机构的作用，积极调动各国工商界、学术界、民间社会力量，建立广泛的合作网络，聚合资金、技术、人才、数据等发展要素和发展资源，将其用到最急需领域以实现效益最大化。

## 四、展现东方醒狮魅力

拿破仑曾以中国为喻，认为"当沉睡的狮子再次苏醒时，整个世界都会被其所震撼"。以中国式现代化实现中华民族伟大复兴，将使中国特色社会主义焕发出前所未有的活力，为人类文明发展作出新贡献。

法国汉学家汪德迈曾分析汉文化传播到日本、韩国等东亚国家的过程，认为中国文化有着强大的生命力和包容性，形成了强有力的共同体意识。这是一种集体心理共生的群体意识，与社会化要求是相适应的，能够给现代工业社会注入性质完全不同的社会活力和动力。

改革开放以来，中国经济连续四十多年持续快速增长，社会长期稳定，经济总量多年稳居世界第二位，对世界经济增长的贡献超过百分之三十。面对新形势，必须认识到，中国经济继续发展面临一些亟待解决的问题，如有效需求不足、部分行业产能过剩、社会预期偏弱、风险隐患依然较多，国内大循环存在堵点，外部环境的复杂性、严峻性、不确定性上升等。但不管形势如何变化，一定要充分看到中国经济潜力足、韧性强、回旋空间大、政策工具多等大势，坚决唱响中国经济光明论，反对各种唱衰论，坚定对中国经济发展未来的自信。这也是与文化自信相匹配的内在要求。

习近平主席指出，各国一起发展才是真发展，大家共同富裕才是真富裕。全球发展倡议最核心的理念是坚持以人民为中心，最主要的目的是克服各种挑战，加快落实联合国2030年可持续发展议程，最根本的追求是满足全世界人民对美好生活的向往，实现全人类共同价值。这样的价值追求决定了全球发展倡议独有的核心理念与价值原则。

全球发展倡议由中国提出，属于整个国际社会。从参与成员看，中方在联合国发起成立的"全球发展倡议之友小组"已有七十多个成员参与，向发达国家和地区开放；从合作方式看，既有通过联合国系统发起的合作，也有中方直接参与的三方合作；从对接平台看，倡导同非盟《2063年议程》、"非洲发展新伙伴计划"、"支持非洲发展伙伴倡议"等同2030年可持续发展议程充分对接，推动联合国、二十国集团、亚太经合组织、金砖国家、中国—东盟（10+1）等多边合作进程汇聚共谋发展的强大合力。

习近平主席指出，全球发展倡议是"向全世界开放的公共产品"。从思想层面看，全球发展倡议秉持以人民为中心的核心理念和绿色与创新原则，为全球发展事业谋定前行航向，注入思想动力；从行动层面看，全球发展倡议明确重点领域，为推进全球发展进程指明优先选项，增添物质力量。全球发展倡议作为理念、原则与行动相统一的国际公共产品，为破解全球发展难题提供了系统化、整体性方案。

中华民族追求"大道之行、天下为公"、崇尚"亲仁善邻、协和万邦"、倡导"和衷共济、守望相助"，这些精神与文化基因，是当代中国国际发展合作的传统渊源，也是中国开展全球发展合作始终不变的坚守。中国共产党领导中国人民开创和拓展的中国式现代化，既有各国现代化的共同特征，也有基于自己国情的中国特色。无论是人口规模巨大、共同富裕，还是物质文明和精神文明相协调、人与自然和谐共生，抑或是走和平发展道路，都为发展中国家贡献了具体可借鉴的历史经验，为携手迈向人类命运共同体的美好未来，提供了更为健康、更可持续的选择。

　　曾经，中国饱受屈辱。新中国成立后，中国坚持独立自主的和平外交政策，提出和平共处五项原则、"三个世界"等政策方针和思想，在国际舞台上站稳了脚跟、赢得了尊重、扩大了影响。改革开放以来，中国提出和平与发展是时代主题的重大论断，倡导促进世界多极化和国际关系民主化，推动建设和谐世界，中国全方位外交取得重要进展。

　　进入新时代，中国高举和平、发展、合作、共赢的旗帜，全面推进中国特色大国外交，形成全方位、多层次、立体化的外交布局。中国创造性提出推动构建人类命运共同体、新型国际关系、全人类共同价值、共建"一带一路"、全球发展倡议、全球安全倡议、全球文明倡议等新理念，倡导全球治理观以及正确义利观、安全观、发展观、合作观、生态观等重要理念，体现了鲜明的中国特色、中国风格、中国气派。在中华大地上，一幅国强民富的美景图正在展开，也以中国的新贡献为整个世界发展带来强劲动力。

# 五、促进世界历史持续有序延伸

　　在现代社会，随着分工、市场和技术的深化发展，各个国家、各个民族之间的交往交流日益增多，过去那种自我封闭的状态变得不可想象。黑格尔认为："'理性'是世界的主宰，世界历史因此是一种合理的过程。""它自己底（的）无限的素质，做着它所创始的一切自然和精神生活的基础，还有那无限的形式推动着这种'内容'。"[1]马克思、恩格斯说："各民族的原始封闭状态由于日益完善的生产方式、交往以及因交往而自然形成的不同民族之间的分工消灭得越是彻底，历史也就越是成为世界历史。"[2]

世界历史发展的必然趋势之一就是全球化，在比较优势引导下，整个世界日益成为一个相互联系、互利合作的体系。全球化大致经历了四个历史阶段：第一个阶段是自由资本主义阶段。这是随着资本主义制度的产生，资本追逐利润和扩大市场而形成，速度比较慢，很多时候采用暴力手段进行对外扩张、殖民贸易，使得那些最早完成工业化和资本主义化的国家获得利益，在全球殖民地推行其强势文化，很多国家不得不被裹挟进这样一个全球化的历史进程中来。第二个阶段是帝国主义阶段。时间大概从普法战争到"二战"结束。随着资本主义国家帝国主义化，各个帝国主义国家通过战争来重新瓜分殖民地，争夺资本控制的势力范围，暴力和垄断程度加深。帝国主义之间的战争争夺异常残酷，给人类带来深重灾难，以血腥的方式推动人类文明体在更大规模上相互碰撞，加快东西方经济融合的进程。这一时期，国际货币体系和金融体系、外交体系、国际法体系等，都发生了深刻的变化。第三个阶段是"二战"结束之后到20世纪90年代末期。这一时期是两种不同制度"冷战"的时期，这个斗争实际上以美苏争霸作为主要表现形式。各阵营内部的一体化程度在加深。1999年欧元诞生，表明欧洲一体化达到了一个巅峰。"二战"之后形成的布雷顿森林体系影响深远，确立了以美元

---

1 〔德〕黑格尔：《历史哲学》，王造时译，上海书店出版社2001年版，绪论第8、9页。
2 《马克思恩格斯选集》第1卷，人民出版社2012年版，第168页。

为核心的全球的金融秩序，确立了美元霸权，当然也促进了全球金融的一体化。社会主义苏联和中国的崛起亦对后起工业化国家影响深远，对国际政治经济格局也产生了深刻影响。第四个阶段是21世纪以来全球化空前加深、区域一体化程度加深的时期。欧盟是一个区域，北美自由贸易区是一个区域，东南亚国家联盟是一个区域，这些区域内部的一体化都在加深，全球贸易、货币一体化也在加深。政治格局随着美苏争霸的结束，发生了深刻的变化。世界由两极化、一极化向多极化发展。20世纪90年代末期以后，苏联解体，美苏争霸结束，美国单极化出现，而近年来美国的单极体系有所式微，新兴国家在不断崛起，不断挑战美国的单极格局，他们希望构建新的全球秩序。这一时期，一方面全球化在加强，另一方面反全球化的趋势也开始明晰。

当前全球秩序面临着重大转变。第一个值得关注的转变是美国的政治经济地位相对下降，以美国为代表的发达国家中逆全球化的思潮和行为开始显现。第二个比较大的转变是全球各国政治体制的多元化趋势开始显现。全球治理的多极化，也在呼唤着各国民主政治体制的多元化发展。第三个重要的转变是全球的金融危机和经济危机逐渐变得频繁，全球经济社会发展面临重重矛盾，取得合作的共识难度加大。第四个转变是新兴经济体的崛起为全球化注入了新的力量，全球治理规则需要完善。

经过艰苦的谈判，2001年12月11日中国成为WTO的第一百四十三个正式成员。中国融入全球经济体系的速度进一步加快，逐步放开了对外贸易经营权，分期分批取消进口配额管理，大幅度降低进口关税，不断扩大各个领域的开放力度。资本市场的国际化进程也在推进当中，相当一部分境外机构投资者获准进入国内证券市场，中国利用外资的形式以及外商投资的领域都日趋多元化。中国的货物贸易、服务贸易、外商投资规模实现了前所未有的快速增长，一个全方位的对外开放格局逐步形成。党的十八大以来，相继提出了构建人类命运共同体、全球发展倡议、全球安全倡议、全球文明倡议等重要理念。2013年，提出了"一带一路"倡议；2015年，组建与"一带一路"配套的亚投行；在此之前与俄罗斯及四个中亚国家共组"上海合作组织"，截至2024年已扩容为十国；2012年，与东盟共同启动RCEP的协商谈判，这个包括了十五国、GDP占全球百分之三十的最大经贸组织2022年正式启动。从广交会到服贸会，从进博会到消博会、数博会，从"走出去"到"引进来"，我国持续举办高水平经贸盛会，搭建起全球共享、开放合作的国际平台，为推动全球经贸合作和经济复苏注入更多活力。党的二十大报告特别指出，要稳步扩大规则、规制、管理、标准等制度型开放，合理缩减外资准入负面清单，依法保护外商投资权益，营造市场化、法治化、国际化一流营商环境。中国坚持高水平对外开放，以开放促改革、促发展、促安全。在全球化遭遇重重阻力的今天，中国的努力显得尤其重要。

2022年1月，习近平主席指出，世界各国要坚持真正的多边主义，坚持拆墙而不筑墙、开放而不隔绝、融合而不脱钩，推动构建开放型世界经济，推动经济全球化朝着更加开放、包容、普惠、平衡、共赢的方向发展，让世界经济活力充分迸发出来。不管全球形势如何变化，不管全球化遭遇什么样的阻力，世界历史的发展都是不可阻挡的时代潮流，中国以自身的实际行动为全球化的继续深度发展作出重要贡献。

## 六、遏制超限霸权

面对经济全球化的复杂形势和世界经济版图的变动，美国企图以"国家安全""去风险"为名建"小院高墙"，搞"脱钩断链"，毁约退群，甩锅推责，拉帮结派，玩"你输我赢"的零和游戏，不惜发动贸易战和科技战，为世界共同发展制造障碍。其背后是美国战略界一些人士试图抓住所谓遏制中国的机遇，坚持维护自身的超限霸权，企图通过破坏全球市场秩序、科研合作，阻碍科技交流和自由贸易而垄断高科技、攫取单边优势和超额利润，在新一轮科技革命和产业革命中继续保持自身的优势地位。美国经常提出的所谓"基于规则的国际秩序"已经被普遍看作用来维护其霸权的工具。

2023年2月20日，中国外交部发表了《美国的霸权霸道霸凌及其危害》，从五个层面揭露了美国的霸权行径及其危害：肆意妄为的政治霸权、穷兵黩武的军事霸权、巧取豪夺的经济霸权、垄断打压的科技霸权、蛊惑人心的文化霸权。报告明确指出：得道多助，失道寡助。恃强凌弱、巧取豪夺、零和博弈等霸权霸道霸凌行径危害深重，和平、发展、合作、共赢的历史潮流不可阻挡。美国以强权挑战真理，以私利践踏正义。这些单边主义、唯我独尊、倒行逆施的霸权做法正在引发国际社会越来越强烈的批评和反对。国与国之间要相互尊重、平等相待。大国应该有大国的样子，更要带头走出一条对话而不对抗、结伴而不结盟的国际交往新路。中国一贯反对一切形式的霸权主义和强权政治，反对干涉别国内政。美国应该反躬自省，深刻检视自己的所作所为，放弃傲慢与偏见，摒弃霸权霸道霸凌。

我们所处的是一个风云变幻的时代，面对的是一个日新月异的世界。传统国际关系理论越来越难以解释今天的世界、无法破解人类面临的困局，国强必霸、崇尚实力、零和博弈等思维越来越不符合时代前进的方向。人类社会急需符合时代特征、顺应历史潮流的新理念。

"国强必霸"并非绕不开的历史定律。"国强必霸"本质是典型的霸权主义思维，反映的是历史上大国霸权战争的灾难性实践。中国从不认同"国强必霸"，我们的历史智慧是"国霸必衰"。中国发展振兴靠的是自身努力，而非侵略扩张。中国所做的一切都是为了本国人民过上更加幸福的生活，为世界人民提供发展机会，而不是要取代谁、打败谁。

"弱肉强食"不是人类共存之道。这一逻辑将自然界的丛林法则简单移植到人类社会，信奉权力至上，从根本上破坏了国家主权平等原则和世界和平稳定。全球化时代你中有我、我中有你，决定了弱肉强食、赢者通吃是一条越走越窄的死胡同，包容普惠、互利共赢才是越走越宽的人间正道。中国一向主张公平正义，坚持在和平共处五项原则基础上同各国发展友好合作，致力于推进国际关系民主化。

"你输我赢"的零和游戏终将玩不转。一些国家抱守零和思维，片面追求绝对安全和垄断优势，这既无助于本国的长远发展，也对世界和平与繁荣构成严重威胁。任何国家都不应盼着别人输，而要致力于同他国一道赢。中国始终把自身发展和世界发展统一起来，始终把中国人民利益同各国人民共同利益结合起来。世界好，中国才能好；中国好，世界才更好。

随着互联网和社交媒体的普及，美西方再也无法垄断对历史、政治、经济和文化的解读。当年他们作为殖民主义者在美洲的杀戮和掠夺、在亚洲和非洲的奴役和剥削等，越来越多地被全球公众所了解。非西方国家纷纷开始发掘自己的历史、自己的文化、自己的文明传承，不再接受西方主导的历史叙事。越来越多的亚、非、拉国家开始坚持独立自主的外交，反对外来势力干涉内政。许多非西方大国纷纷称自己为"文明型国家"，坚持自己独立的文明体系，开始破除对西方价值观的迷信，这就在遏制美国超限霸权方面打开了缺口。

党的二十大报告指出："国家安全是民族复兴的根基，社会稳定是国家强盛的前提。"安全是一国安身立命存续之基，是国际秩序重构不得不考虑的优先因素。2022年4月21日，习近平主席在博鳌亚洲论坛2022年年会开幕式上的主旨演讲中，提出了以"坚持共同、综合、合作、可持续的安全观"，"坚持尊重各国主权、领土完整"，"坚持遵守联合国宪章宗旨和原则"，"坚持重视各国合理安全关切"，"坚持通过对话协商以和平方式解决国家间的分歧和争端"，"坚持统筹维护传统领域和非传统领域安全"这"六个坚持"为主要内容的全球安全倡议，深刻阐释了新时代中国的全球治理安全观。

当前，国家之间的贫富分化正在加剧，一个根本性原因是全球经济治理体系没有公平对待"全球南方"的发展诉求。联合国秘书长古特雷斯强烈呼吁，改变"根植于现有国际金融架构中的偏见和不公"，对国际货币基金组织和世界银行进行彻底改革。通过一系列务实行动和大胆改革构建更加公正合理的全球发展治理体系和制度环境成为当务之急。这意味着，要坚持真正的多边主义，支持联合国发挥统筹协调作用；要建设开放型世界经济，建立安全稳定、开放包容的产供链；要推动多边发展机构改革，提升新兴市场国家和发展中国家代表性和发言权；要构建团结、平等、均衡、普惠的全球发展伙伴关系，敦促发达国家按时足额履行向发展中国家提供资金、技术和能力建设等官方发展援助承诺。

中国提出全球安全倡议，发布了《全球安全倡议概念文件》，高举合作、创新、法治、共赢的旗帜，加强国际安全合作，完善全球安全治理体系，倡导走出一条对话而不对抗、结伴而不结盟、共赢而非零和的新型安全之路，同国际社会一道建设持久和平、普遍安全的世界。这对于整个世界遏制超限霸权，在平等互利基础上促进协作发展，处理好发展与安全之间的关系，无疑是极其重要的。

## 七、强化构建人类命运共同体

当今世界，百年未有之大变局加速演进，各种新旧问题与复杂矛盾叠加碰撞、交织发酵，各种思潮不断涌现，各种非常规风险乃至局部战争频发。人类社会面临前所未有的挑战，不稳定、不确定、难预料成为常态。

和平赤字不断加深。第二次世界大战结束以来，人类社会维持了七十多年的总体和平，但威胁世界和平的因素仍在积聚，各个地区的战争从未消停。有的国家包装"基于规则的国际秩序"，肆意实施非法单边制裁、"长臂管辖"，在国际社会大搞拉帮结派。近些年来，欧亚大陆战火重燃，热点问题此起彼伏，军备竞赛阴霾不散，核战争的"达摩克利斯之剑"高悬，世界面临重新陷入对抗甚至战争的风险。

发展赤字持续扩大。各个国家发展任务艰巨，全球南方尚需走向现代化。全球经济复苏乏力，单边主义、保护主义肆虐，一些国家构筑"小院高墙"、强推"脱钩断链"、鼓噪供应链"去风险"，经济全球化遭遇逆流，泛政治化阻碍着全球正常交往。南北差距、发展断层、技术鸿沟、数字鸿沟等问题更加突出，人类发展指数三十多年来首次下降，世界新增一亿多贫困人口，近八亿人生活在饥饿之中，联合国千年可持续发展议程目标堪忧。

安全赤字日益凸显。国际战略竞争日趋激烈，大国之间信任缺失，冷战思维卷土重来，意识形态对抗老调重弹，恃强凌弱、巧取豪夺、零和博弈等霸权霸道霸凌行径危害深重，地区热点多点激化，恐怖主义、网络攻击、跨国犯罪、生物安全等非传统安全挑战上升。

治理赤字更加严峻。世界正面临多重治理危机，能源危机、粮食危机、债务危机等不断加剧；全球气候治理紧迫性凸显，绿色低碳转型任重道远；数字鸿沟日益扩大，人工智能治理缺位；一些国家不时挑战以联合国等既有机制为代表的传统国际秩序。在各种问题面前，折射出全球治理体系这台机器越来越滞后于时代，甚至在一些问题上运转失灵，亟待改革完善。

面对全球性危机，各国应携起手来，抛弃各自利益至上的褊狭观念，共同构建人类命运共同体，才能共渡难关、共创未来。构建人类命运共同体，坚持开放包容，坚持互利共赢，坚持公道正义，不是以一种制度代替另一种制度，不是以一种文明代替另一种文明，而是不同社会制度、不同意识形态、不同历史文化、不同发展水平的国家在国际事务中利益共生、权利共享、责任共担。构建人类命运共同体理念，站在历史正确的一边，站在人类进步的一边，为国际关系确立新思路，为全球治理提供新智慧，为国际交往开创新格局，为美好世界描绘新愿景。

中国式现代化是和平的现代化，中国是人类命运共同体的积极倡导者和实践者。2013年3月，习近平主席在俄罗斯莫斯科国际关系学院发表演讲，第一次在国际场合阐发了"人类命运共同体"理念："这个世界，各国相互联系、相互依存的程度空前加深，人类生活在同一个地球村里，生活在历史和现实交汇的同一个时空里，越来越成为你中有我、我中有你的命运共同体。"[1]2013年9—10月，习近平主席在哈萨克斯坦和印度尼西亚先后提出要共同建设"丝绸之路经济带"和21世纪"海上丝绸之路"。"一带一路"倡议得到国际社会特别是沿线国家的积极响应，"一带一路"成为推动构建人类命运共同体的重要实践平台。

构建人类命运共同体，就是每个民族、每个国家、每个人的前途命运都紧紧联系在一起，应该风雨同舟，荣辱与共，努力把我们生于斯、长于斯的星球建成一个和睦的大家庭，推动建设持久和平、普遍安全、共同繁荣、开放包容、清洁美丽的世界，把各国人民对美好生活的向往变成现实。

构建人类命运共同体从理念转化为行动，为维护世界和平提供了有力保障，为促进全球发展注入了强劲动力，为应对全球性挑战汇聚起强大合力，得到国际社会热烈响应。人类命运共同体连续七年写入联大决议，多次写入上合组织、金砖国家等多边机制决议或宣言，构建人类卫

---

1 习近平：《论坚持推动构建人类命运共同体》，中央文献出版社2018年版，第5页。

生健康共同体、网络空间命运共同体、人与自然生命共同体等一系列重大倡议应运而生，带动多个领域的全球治理取得重要进展。

构建人类命运共同体理念以和平发展超越冲突对抗，以共同安全取代绝对安全，以互利共赢摒弃零和博弈，以交流互鉴防止文明冲突，以绿色发展呵护地球家园，回应了各国人民求和平、谋发展、促合作的普遍诉求，找到了解决全球性问题的基本路径。在构建人类命运共同体理念的引领下，中国提出并推动落实高质量共建"一带一路"、全球发展倡议、全球安全倡议、全球文明倡议等重大倡议，同国际社会一道建设持久和平、普遍安全、共同繁荣、开放包容、清洁美丽的世界，创造人类更加美好的未来。

人类命运共同体理念体现了中华优秀传统文化的诸多精华，主张中国与世界各国同呼吸、共命运，具有开放包容、公平正义、和谐共处、多元互鉴、团结协作的鲜明特征。开放包容就是不以意识形态划线，不针对特定的对象，不拉帮结派，不搞排他的"小圈子"，海纳百川，有容乃大。主张国际关系民主化，世界的命运应该由各国共同掌握，国际规则应该由各国共同书写，全球事务应该由各国共同治理，发展成果应该由各国共同分享。公平正义就是世界要公道不要霸道，任何国家都没有包揽国际事务、主宰他国命运、垄断发展优势的权力。要维护以国际法为基础的国际秩序，维护国际法治权威，确保国际法平等统一适用，不能搞双重标准，不能"合则用、不合则弃"。和谐共处就是各国在求同存异的前提下实现和平共处、共同发展。地球不是国家角力的竞技场，而是人类共存的大舞台。各国发展和而不同，是有差异、多样性的协调和统一，世界发展的活力恰恰在于这种多样性的共存。多元互鉴就是不同历史和国情、不同民族和习俗，孕育了不同文明。人类文明多样性是世界基本特征，不同文明交流互鉴是推动人类进步的重要动力。我们应当相互尊重，携手推动不同文明在交流互鉴中熠熠生辉。团结协作倡导"计利当计天下利"，加强沟通协作。关起门来搞建设，只能越搞越穷。从"本国优先"的角度看，世界是狭小拥挤的，时时都是"激烈竞争"；从命运与共的角度看，世界是宽广博大的，处处都有合作机遇。单打独斗已无法应对全球性的发展难题，各国通力合作才是唯一选择。世界合力走向和维护人类命运共同体，人类才能共同赢得更加美好的未来。

# 参考文献

1.习近平：《论坚持推动构建人类命运共同体》，中央文献出版社2018年版。

2.习近平：《坚定文化自信，建设社会主义文化强国》，《求是》2019年第12期。

3.习近平：《论党的宣传思想工作》，中央文献出版社2020年版。

4.习近平：《论中国共产党历史》，中央文献出版社2021年版。

5.《习近平谈治国理政》第4卷，人民出版社2022年版。

6.习近平：《在文化传承发展座谈会上的讲话》，《求是》2023年第17期。

7.《习近平著作选读》第1卷、第2卷，人民出版社2023年版。

8.中共中央文献研究室编：《习近平关于社会主义文化建设论述摘编》，中央文献出版社2017年版。

9.中共中央党史和文献研究院编：《习近平关于社会主义精神文明建设论述摘编》，中央文献出版社2022年版。

10.中共中央宣传部：《习近平新时代中国特色社会主义思想学习纲要》（2023年版），学习出版社、人民出版社2023年版。

11.中共中央宣传部：《习近平文化思想学习纲要》，学习出版社、人民出版社2024年版。

12.《马克思恩格斯文集》第1卷、第9卷，人民出版社2009年版。

13.《列宁选集》第1—4卷，人民出版社2012年版。

14.《毛泽东选集》第1—4卷，人民出版社1991年版。

15.中共中央文献研究室编：《毛泽东文集》第7卷，人民出版社1999年版。

16.《建国以来毛泽东文稿》第2卷，人民出版社1992年版。

17.《邓小平文选》第3卷，人民出版社1993年版。

18.贺麟：《文化与人生》，商务印书馆2015年版。

19.梁漱溟：《东西文化及其哲学》，商务印书馆1987年版。

20.冯友兰：《新理学》，生活·读书·新知三联书店2007年版。

21.费孝通：《文化与文化自觉》，群言出版社2010年版。

22.杜维明：《文化中国：扎根本土的全球思维》，北京大学出版社2016年版。

23.何中华等：《马克思主义文化理论发展史研究》，山东人民出版社2022年版。

24.张允熠：《四百年中国思想文化之大变局》，商务印书馆2021年版。

25.金耀基：《中国现代化的终极愿景》，上海人民出版社2013年版。

26.柳诒徵：《中国文化史》，中华书局2015年版。

27.费孝通：《乡土中国》，北京出版社2005年版。

28.张岱年、程宜山：《中国文化精神》，北京大学出版社2015年版。

29.楼宇烈：《中国文化的根本精神》，中华书局2016年版。

30.陈先达：《马克思主义和中国传统文化十二讲》，人民出版社2023年版。

31.张世英：《万有相通：哲学与人生的追寻》，北京师范大学出版社2013年版。

32.陈来：《中华文明的核心价值》，生活·读书·新知三联书店2015年版。

33.李书磊：《重读古典》，中国广播电视出版社1997年版。

34.国家创新与发展战略研究会主编：《读懂中国》，人民出版社2016年版。

35.叶小文：《小文论丛》，中国社会科学出版社2022年版。

36.邹广文：《当代文化哲学》，人民出版社2007年版。

37.郭建宁：《中国文化强国战略》，高等教育出版社2012年版。

38.郑彪：《中国软实力》，中央编译出版社2010年版。

39.王兆雷：《国家治理的文化基因》，人民出版社2016年版。

40.傅永军等：《西方马克思主义文化理论发展研究》，山东人民出版社2022年版。

41.周向军等：《马克思主义文化理论发展重大问题研究》，山东人民出版社2022年版。

42.中华文化学院编：《中华文化的创造性转化和创新性发展》，学习出版社2015年版。

43.方维规：《概念的历史分量》，北京大学出版社2018年版。

44.汪德迈：《新汉文化圈》，江西人民出版社2007年版。

45.余英时:《中国文化史通释》,生活·读书·新知三联书店2012年版。

46.安乐哲:《一多不分:儒学与世界文化新秩序》,山东友谊出版社2022年版。

47.孟广林、许海云、王大庆:《西方文明史》,中国人民大学出版社2024年版。

48.彭璐珞、肖伟光:《中国式现代化的文化基因》,中华书局2024年版。

49.袁忠东:《中国传统大一统文化》,泰山出版社2023年版。

50.〔德〕克劳斯·施瓦布:《第四次工业革命:转型的力量》,中信出版集团2016年版。

51.〔英〕汤因比、〔日〕池田大作:《展望二十一世纪——汤因比与池田大作对话录》,荀春生、朱继征、陈国梁译,国际文化出版公司1985年版。

52.〔德〕黑格尔:《逻辑学》,杨一之译,商务印书馆1986年版。

53.〔德〕黑格尔:《历史哲学》,王造时译,上海书店出版社2001年版。

54.〔法〕布罗代尔:《文明史纲》,肖昶等译,广西师范大学出版社2003年版。

55.〔美〕斯塔夫里阿诺斯:《全球通史》,吴象婴、梁赤民译,上海社会科学院出版社1999年版。

56.〔英〕罗素:《中国问题》,秦悦译,学林出版社1996年版。

57.〔德〕哈贝马斯:《公共领域的结构转型》,曹卫东等译,学林出版社1999年版。

58.〔美〕鲁思·本尼迪克特:《文化模式》，张燕、傅铿译，浙江人民出版社1988年版。

59.〔德〕霍克海默:《批判理论》，李小兵译，重庆出版社1989年版。

60.〔德〕文德尔班:《哲学史教程》(下)，罗达仁译，商务印书馆1997年版。

61.〔美〕塞缪尔·亨廷顿:《变革社会中的政治秩序》，李盛平等译，华夏出版社1988年版。

62.〔美〕罗纳德·英格尔哈特:《发达工业社会的文化转型》，张秀琴译，社会科学文献出版社2013年版。

63.〔美〕詹启华:《制造儒家：中国传统与全球文明》，徐思译，北京大学出版社2019年版。

64.〔美〕约瑟夫·奈:《硬权力与软权力》，门洪华译，北京大学出版社2005年版。

65.〔美〕迈克尔·波特:《国家竞争优势》，李明轩、邱如美译，中信出版社2012年版。

66.〔美〕萨义德:《文化与帝国主义》，李琨译，生活·读书·新知三联书店2003年版。